Jasmin Raif

ICH BIN HOCHSENSIBEL, DU ARSCH!

1. Auflage 2019

Mörfelder Landstraße 100a, Frankfurt a.M.
Titelgestaltung: Jasmin Raif
Unter Verwendung eines Fotos von ©iStockphoto.com/nerudol
Verlag: Eigenverlag

ISBN: 978-1-0805-1174-7

Folge mir auf Instagram & Facebook

Für M.
Danke für alles!

INHALT

EIN PAAR WORTE VORNEWEG

Hochsensible sind nicht krank, sie sind keine Opfer ihrer Gefühle. Sie sind ganz normale Menschen mit einer etwas feineren Wahrnehmung. Dieses Buch gibt dir einen Schubs in die richtige Richtung, weg von all den Analysen, schlechten Tagen und verkrampften Alltags-Tipps. Du hast besonders feine Antennen? Nutze sie doch einfach! Habe Mut zur Unvernunft. Raste mal so richtig aus! Und nimm alles mit einer gehörigen Portion Humor.

An dieser Stelle könnte das übliche Einleitungs-Bla-Bla über Hochsensibilität stehen („Ca. 15-20 Prozent der Menschen sind hochsensibel.", „Es herrscht weit verbreitetes Unwissen.", „10 Tipps, wie man seinen Alltag als hochsensible Person meistert."), aber damit möchte ich dich nicht langweilen. Das kannst du auch im

Internet nachschlagen. Ich möchte dich mit diesem Buch verdammt nochmal dazu ermutigen, deine hochsensible Seite als Stärke zu sehen und auch mal über deine Schwächen zu lachen.

Wer sagt eigentlich, dass ein sensibler Mensch nicht auch mal austeilen darf? Nimm Dinge, die dich auf die Palme bringen mit Humor und lass auch mal Dampf ab. Lache darüber, dass du am Ende eines Tages manchmal einfach nur die Decke über den Kopf ziehen möchtest. Niemand ist perfekt. Everybody's Darling gibt es nur im Film. Aber gerade die Imperfektion macht uns zu Menschen mit einzigartigen Geschichten. Ich habe meine hochsensible Geschichte auf den folgenden Seiten in Worte gefasst. Worte, die dich hoffentlich unterhalten. Sie sind hübsch verpackt in schwarzem Humor. Weil ich es leid bin, immer alles so ernst zu nehmen.

Noch einmal kurz zum Ernst des Lebens. Damit du verstehst, wie dieses Buch aufgebaut ist. Ich persönlich habe als hochsensible Person (im Folgenden HSP) fünf tägliche Herausforderungen:

1) Ich kämpfe mit meinen **Sinnen**. Meine Ohren sind ein bisschen feiner als andere, mit meiner Nase könnte ich Tee-Fachverkäuferin werden ... du weißt, was ich meine.

2) In meinem **Alltag** warten immer wieder Herausforderungen, wo ich sie gar nicht erwartet hätte. Beim Shopping, im Kino und in meiner Beziehung mit einem nicht-hochsensiblen Partner.

3) Mein **Körper** spielt sein ganz eigenes Spielchen und ich bin oft nur Zuschauer. Aber ich werde immer besser, ihn im Zaum zu halten. Punkt für mich.

4) Mein **Geist** ist von Natur aus sehr aktiv, was mir z.B. das Berufsleben nicht immer leicht macht. Bekomm ich aber auch noch hin.

5) Die **Seele**. Ein so zerbrechliches Konstrukt aus Gefühlen, Erlebnissen, Werten, so vielschichtig und ein Leben lang erforschbar. Oft ein Grund für meine Schutzhandlungen.

In diesem Buch bin ich den einzelnen Herausforderungen aus meinem, wie ich finde, etwas durchgeknallten Leben auf den Grund gegangen. Achtung, Spoiler: Es gibt am Ende keine Erleuchtung oder das ultimative Rezept für ein glückliches Leben, sondern nur tosenden Applaus und eine Plakat-Empfehlung. Du wirst schon sehen ...

Wenn du auf dieses Buch gestoßen bist, weißt du entweder schon, dass du hochsensibel bist, du hast schon mal etwas davon gehört und möchtest dir jetzt ein wenig Wissen darüber aneignen oder der absurde Titel hat dich einfach neugierig gemacht. Egal, zu welcher Gruppe der Leser du gehörst, du wirst so oder so auf deine Kosten kommen. Vielleicht weil du dich wiedererkennst, vielleicht weil du die gleichen Situationen oder aber auch ganz andere erlebt hast. Vielleicht wirst du dich einfach darüber amüsieren, was in meinem Leben so abgeht, das

Buch am Ende schmunzelnd zur Seite legen und dankend feststellen, dass dein Leben doch eigentlich in ganz geregelten Bahnen läuft. Alles ist möglich. Und das ist doch das Schöne am Lesen, am Leben und an diesem Buch, das kontroverser nicht sein könnte. Man gewinnt immer wieder neue Erkenntnisse.

Ich habe bereits viele Bücher und Artikel zum Thema Hochsensibilität gelesen und eines ist mir dabei aufgefallen: Kaum einer geht das Thema locker und mit einer guten Portion Selbstironie an. Genau hier mache ich einen Punkt. Natürlich hast du das Recht, dich über deine Schwächen aufzuregen, dich auszukotzen, zu jammern und zu klagen. Zu analysieren und zu googeln, bis der Arzt kommt, aber glücklicher bist du am Ende höchstwahrscheinlich nicht. Oft verschlimmert es sogar die Symptome, wenn du erst einmal alles über deine hochsensible Seite zu wissen glaubst und damit abschließt, dass du ein überreiztes Wrack bist, das nicht gesellschaftsfähig ist.

So ging es mir am Anfang. Ich wollte all die Erklärungen nicht lesen, die mir damals per Link über WhatsApp mit den Worten: „Lies das doch mal, das trifft genau auf dich zu!" geschickt wurden. Alles Quatsch, ich bin doch nicht abnormal, dachte ich. Andere halten das doch auch aus. In einer Gesellschaft, in der Schwäche auch wirklich als Schwäche gesehen wird, habe ich mir strikt verboten, schwach zu sein. Ich wollte nicht am Ende der Nahrungskette landen. Darwin wäre stolz auf mich gewesen. Welchen Weg habe ich also gewählt? Den des

Sarkasmus. Meine größte Leidenschaft, die mir immer hilft, auch in schwierigen Zeiten meiner Hochsensibilität ein Lächeln auf mein Gesicht zu zaubern. Und jetzt hoffentlich auch auf deins.

Es passiert mir extrem häufig, dass ich mit der Nase auf etwas gestoßen werde, das wie für mich bestimmt scheint. Im letzten Jahr war es der Blog „Healthy Habits", der sich um gesunde Lebensgewohnheiten dreht und auch das Thema Hochsensibilität im Alltag aufgreift. Ich möchte den Blog und auch das Buch von Jasmin Schindler „Gestatten: Hochsensibel" an dieser Stelle wärmstens empfehlen, beides hat mir an einem schweren Tag wirklich die Augen geöffnet.

Ich weiß nicht, ob auch du diese Situationen kennst? Erlebst du auch manchmal Momente, die wie für dich vorprogrammiert erscheinen? So als hätte jemand ein Drehbuch geschrieben und hätte es recht amüsant gefunden, genau zwei Darsteller, die bis dato noch nichts miteinander zu tun hatten, zusammen zu bringen? Ich würde mich freuen, wenn du mich auch an deinen verrückten Geschichten, die das Leben oder wer auch immer sie schreibt, teilhaben lässt. Sende mir gerne eine Nachricht an jasmin.raif.autorin@gmail.com.

Jetzt kannst du dich aber erstmal zurücklehnen und den Geschichten lauschen, die mein hochsensibles Leben so geschrieben hat. Immer gewürzt mit einer ordentlichen Portion Ironie. Damit die Story nicht nur im Abgang brennt, sondern bereits während des Lesens ein wahres

Feuerwerk an Emotionen wird. Eben so, wie wir HSPs die Welt erleben – ein bisschen intensiver als normal.

TEIL 1 – SINNE

ICH BIN EIN HSP, HOLT MICH HIER RAUS

Öffentliche Verkehrsmittel sind eine Freude für jeden Hochsensiblen. Da fängt der Tag gleich gut an. Von der wohligen Stille meines bescheidenen Heims, starte ich in eine wahre Geräuschs- und Geruchshölle – die S-Bahn. Heute versuche ich wie jeden Morgen in einem Spießrutenlauf einen geeigneten Sitzplatz für die nächsten 25 Minuten zu ergattern. Gekonnt scannt mein Auge die freien Sitzplätze und sendet Signale an mein HSP-Gehirn: Der Mann da vorne hat einen Coffee-to-go-Becher in der Hand – Lauf so schnell du kannst. Diesen Geruch die ganze Zeit in der Nase zu haben gleicht einem Gasangriff. Die Frau dort hinten hat gerade eine Zigarette geraucht, mach lieber einen Bogen um sie.

Jugendliche mit Kopfhörern auf drei Uhr. Wenn ich keine Lust habe, mit jedem Beat mitzuwippen, sollte ich lieber weiter gehen. Der Kerl da hinten isst um 8 Uhr morgens Pommes in der Bahn? Frittenfett, olé! Nicht zu fassen, wie viele Ausschlusskriterien es für uns HSPs gibt, wenn es nur um die simple Aufgabe geht, einen Sitzplatz in der S-Bahn zu finden.

Im nächsten Vierer sitzt ein alter Bekannter. Dank ihm habe ich schon die ein oder andere Fahrt am Rande der Weißglut verbracht oder vor Verzweiflung das Weite gesucht. Unscheinbar sitzt er dort mit einem Rucksack und schaut aus dem Fenster. Und nur ich weiß, was als nächstes passiert, weil ich es schon etliche Male erlebt habe. Dieser Mann ist ein „In-der-Bahn-Frühstücker". Er packt sein Alufolien-Brötchen aus, das eine Geräuschkulisse erzeugt, die mein Ohr um diese Uhrzeit zum Beben bringt. Doch das Schlimmste soll noch folgen: Er beißt herzhaft in sein saftiges Brötchen und beim Kauen entweicht ihm ein Schmatzen, das die Welt noch nicht gehört hat. Mach doch den Mund zu!, denke ich und starre verzweifelt auf seine geöffneten Lippen, auf denen sich Krümel mit Speichel vollsaugen und ihm auf den Schoß fallen. Ich kann meinen Blick nicht von diesem Horrorszenario abwenden, das mein schlimmster Albtraum und Faszination zugleich ist. Mensch, muss das lecker schmecken, wenn man solche Geräusche beim Essen von sich gibt, denke ich. Die asiatische Kultur sieht ja vor, dass man schmatzt, wenn es einem besonders gut schmeckt. Asien streiche ich in diesem

Moment von meiner Reise-Liste.

Weiter geht's, es muss doch einen Sitzplatz in dieser Bahn geben, auf dem man entspannt sitzen und sich auf sein Buch konzentrieren kann. Mittlerweile ahne ich, dass das ein Wunschtraum ist, gebe die Hoffnung aber nicht auf und marschiere siegessicher weiter. Auf meinem Weg steigt mir ein weiterer Geruch in die Nase. Ich versuche die feinen Aromen zu orten und sehe sie. Die braungelb-ummantelte Frucht des Grauens. Es ist ... eine Banane, eine der übelsten Sorte: super reif und super knatschig. Warum essen so viele Menschen morgens in der Bahn?! Ich werde das wohl nie begreifen. Und was noch wichtiger ist: Merken die denn nicht, dass es für ihre Mitmenschen nicht besonders erquickend ist, ihnen beim Essen zuzuschauen und genauestens zu sehen, wie sie den zermahlenen Brei von einer Backe in die andere schieben? Dann gibt es noch die Kategorie, die beim Essen spricht und den Brei während des Sprechens in der Backe parkt wie ein Backenhörnchen. Wobei Backenhörnchen sehr angenehme und trollige Zeitgenossen sind. Eine Bahn voller Backenhörnchen wäre mir definitiv lieber als eine Bahn voller ... mampfender Bahnfahrer.

Zurück zur gemeinen Banane. Während die nichtsahnende Dame in sie hineinbeißt, umströmt mich ein für jeden Smoothie-Liebhaber aphrodisierender Geruch. Bei mir wird leider gar nichts aphrodisiert außer mein Wille zu flüchten oder ihr die Banane aus der Hand zu reißen. Ich schaue mich um und frage mich, wie das denn kein anderer hier in diesem Zug als abscheulich wahrnehmen kann. Merken die denn gar nichts?! Drehe nur ich hier so am Rad? Manchmal wäre das Leben wohl leichter, wenn mein größter Feind nicht Banane hieße und überall lauern könnte. Was für ein entspanntes Leben wäre das? Menschen und Bananen, die ein friedliches Leben miteinander führen und dem Brötchen-essenden „In-der-Bahn-Frühstücker" lächelnd die Hand reichen ...

Es gibt auch kleine Lichtblicke in dieser auf Gleisen fahrenden Hölle. So hat es sich tatsächlich zugetragen, dass mein Zug mitten auf dem Gleis stehen blieb (was ganz selten vorkommt, wie jeder Bahnfahrer weiß) und das Knacken eine Durchsage des Schaffners ankündigte. Die Standard-Durchsagen kenne ich als HSP schon auswendig und weiß schon bevor der langgezogene Piepton ertönt, welche der 35 Standard-Floskeln ich als Schaffner raushauen würde. Doch heute ist alles anders. Es ertönt kein „Der vor uns befindliche Streckenabschnitt ist noch durch einen anderen Zug belegt.". Nein, heute sitzt ein scheinbar zu Späßchen aufgelegter Lokführer im Fahrerhaus und sagt mit seiner schönsten Max-und-Moritz-Erzählstimme ins Mikrofon: „Vor uns ist ein rotes Licht, weiterfahren darf ich nicht." (SFX: Kichern) Ein Reim! Wow, einer, der die deutschen Richtlinien durchbricht und tatsächlich nach einer kurzen Verzögerung sämtlichen Fahrgästen ein Lächeln auf die Lippen zaubert (auch denen, die gerade den Mund voll haben).

Zu guter Letzt üben Menschen noch so allerlei Tätigkeiten in der Bahn aus, die nichts mit Essen zu tun haben. Vom Schminken bis zum lautstarken Telefonieren habe ich schon alles erlebt. Mein Favorit ist allerdings das Nägel feilen. Da ist nämlich für alle Sinne etwas dabei. Das junge Mädchen, das mir gegenüber sitzt, packt eine Nagelfeile aus. Ich denke: Sie feilt sich sicherlich nur eine kleine Ecke am Nagel weg, weil sie ständig an ihrem Strickpullover hängen bleibt. Dafür habe ich natürlich Verständnis – das nervt. Womit ich allerdings nicht rechne, ist, dass sie die Bahn zu einem Maniküre-Studio macht und ihre Fingernägel feilt, als gäbe es kein Morgen mehr. An dieser Stelle muss ich für alle, die es vielleicht vergessen haben, erwähnen, dass ein Mensch zehn Finger hat. ZEHN. Fröhlich rieselt also die weiße Substanz mit einem Schabgeräusch auf die blauen Polster und ich denke kurz an eine schneebedeckte Winterlandschaft. Ob das wohl genauso schön knarzt, wenn man da durch läuft?

Jetzt pustet sie auch noch jedes Mal, wenn sie mit dem Feilen fertig ist, auf ihre Finger und ich halte panisch die Luft an, weil ich Angst habe, ihren gerade abgehobelten Horn einzuatmen. Ja, du hast richtig gelesen. Abgehobelter Horn. Etwas, das in keine Bahn gehört und eine wahre Zumutung ist. Aber, was lernt man in den meisten Ratgebern? Positiv denken – ihre Fußnägel macht sie zum Glück zu Hause. Alles halb so wild.

Mal so nebenbei: Noise-Cancelling-Kopfhörer sind wohl die beste Erfindung seit es S-Bahnen gibt. Smell-Cancelling-Nasenstopfer gibt es leider noch nicht.

EINER MEINER LIEBLINGSKAPITEL

„Bin ich die Einzigste, die merkt, dass neber dir einer meiner Lieblingsblumen wächst?"

Einer meiner. Geschlecht: männlich. Heißt das: DER Blume?! Sind die Leute wirklich so faul, ein grammatikalisches Geschlecht richtig zu bilden? Die traurige Antwort lautet: Ja. Du willst jetzt am liebsten weglaufen? Mit einem Rotstift im Text herumkritzeln und diese elenden Sprachfehler ausmerzen? Dir bluten die Ohren, wenn dir jemand das Wort „Einzigste" vorliest? Gratulation! Dann geht's dir so wie mir.

Schon in der Schule war ich der Grammatik-Nazi, der Rotstift-Freak, die Rechtschreib-Polizei und der Albtraum eines jeden Sprachfehlers. Was gibt es Befriedigenderes als sich auf die Fehler anderer zu stürzen? Klingt echt fies – ist es auch. Recht haben macht aber zum einen verdammt viel Spaß und zum anderen liebe ich einfach die deutsche Sprache und empfinde es als Schande, wenn sie durch Unwissenheit oder Ignoranz verschandelt wird. Meine Hochsensibilität tut ihr Übriges.

Keine andere Sprache bietet so viele Möglichkeiten einen Zustand, ein Empfinden oder zum Beispiel einen Geschmack auszudrücken wie die deutsche Sprache. Mit Worten spielt man wie auf einer Violine, kombiniert sie neu, kostet sie aus, aber doch bitte immer mit einer Portion Hirn. Das ist nicht jedem gegeben. Vermehrt befindet sich die hirnlose Spezies an öffentlichen Plätzen wie beispielsweise einem U-Bahnhof: Hier geht der eine gerne mal Hauptwache. Der andere geht dann McDonalds und man einigt sich darauf, Döner mit alles auf morgen zu verschieben. Der Tag, der wo nach heute kommt. Is' klar.

In Frankfurt steht am Hauptbahnhof schon mal einer NEBER mir und tut mich fragen, wo er denn am besten zu dem Messe kommen tut. Puh, ja zu dem Messe tust du am besten da lang gehen, sage ich mit meiner schönsten Auskunftsstimme. „Auskunft" scheint ja sowieso in großen Lettern auf meiner Stirn zu stehen, so oft, wie ich am Bahnhof angesprochen werde. Mich wundert es immer wieder, wie viele Menschen in der heutigen Zeit „tuten". Sie tuen essen, sie tuen „Germany's Next Toddel" gucken und sie tuen dummes Zeug fragen. Da das Tuten einem Menschen eher nicht in die Wiege gelegt wird, gehe ich davon aus, dass auch die Eltern dieser Person bereits kräftig getutet haben. An dieser Stelle wünsche ich mir, dass Tuter nicht mehr erziehungsberechtigt sind und das Tuten damit dem Untergang geweiht sein tut.

Eine andere Ausprägung von Sprachfehler habe ich erst kürzlich entdeckt. Diese Sprachverschandelung ist eher großstädtisch angehaucht. Der allgemeine Trend geht zum Weglassen des „i"s beim Wort „ich". Vielleicht ist das Ganze auch hessisch geprägt. Wie ist das in deiner Stadt? Ein Beispiel: Mein Freund Patrick und ich sitzen bei einem leichten Mittagssnack in der Sonne in einem Café. Eine Kellnerin kommt die Treppe hochgekreucht, fasst sich in die Seite und stöhnt:

„Sch'werd alt!"

Bei uns kam an: „Schwert alt", auch übersetzt als „Das alte Schwert".

„Sch' geh Supermarkt." lässt sich hier als weiteres Beispiel anbringen.

Wie amüsant und doch traurig, wenn Sprache sich weiterentwickelt und gleichzeitig verkümmert.

Ich werde auf jeden Fall weiterhin für die Anti-Sprachfehler-Fraktion einstehen, meinen Rotstift zücken und die „Nebers" und „Einzigste", die mir über den Weg laufen, ausmerzen. Umso unangenehmer sind mir Rechtschreibfehler, die sich in dieses Buch geschummelt haben. Ich bitte dies zu entschuldigen, mit einem Augenrollen abzustrafen, aber dennoch dem Buch eine

Chance zu geben. Die Rechtschreibfehler waren in diesem Fall äußerst hinterlistig, gut ausgebildet und haben sich besonders raffiniert versteckt.

Übrigens: Der Lieblingsgrammatikfehler von Guido Maria Kretschmer „Einer meiner Lieblingskleider" hat dazu geführt, dass ich Shopping-Queen nur noch mit angezogenen Schultern schauen kann. Als Hochsensible bin ich immer auf der Hut vor dem nächsten Grammatik-Albtraum. Sorry, Guido!

MISOPHO-WAS?

Was manche Menschen so mit ihrem Mund beim Essen anstellen, gehört ins Guiness Buch der Rekorde. Da knackt und knuspert es, was das Zeug hält, der Speichel fließt und die Lippen erbringen Höchstleistungen riesige Berge von Nahrung im Zaum zu halten. Leider Gottes habe ich als HSP ein sehr feines Gehör und ich habe schon so manchem, der in meiner Nähe gegessen hat, vor meinem inneren Auge Dinge angetan, die wirklich schmerzhaft sind. Genauso schmerzhaft wie Essensgeräusche in meinem Ohr. Kauen, schlucken und schmatzen ruft in mir wahrlich einen körperlichen Schmerz hervor, dem ich oft entfliehe, indem ich den Raum verlasse oder Kopfhörer aufsetze, wenn Option eins nicht möglich ist. Bin ich da die Einzigste? ... Kleiner Scherz.

Misophonie lautet der Begriff, der meine Qualen in

einem Wort zusammenfasst. Misophonie ist wortwörtlich genommen „der Hass auf Geräusche" oder eine geringere Toleranz, diese zu ertragen. Kann ich genau so unterschreiben. Das erste Mal auf dieses Wort gestoßen bin ich auf Facebook. Hier hat mich eine gute Freundin auf einem dieser superschlauen Sprüche des sozialen Netzwerks verlinkt. Mit ihr lästere ich gerne heimlich über Leute, die lautstark ihre Mahlzeiten in der Bahn verdrücken. Tut übrigens unheimlich gut, sich da mal auszukotzen. Das nur als Tipp am Rande. Sie steht ähnliche Qualen durch und nach einem Gespräch mit ihr fühle ich mich immer ein bisschen weniger wie eine Außerirdische, die für eine 2-wöchige Sprachreise auf die Erde entsandt wurde.

Das mit dem Beißen ist für mich wohl die schlimmste Angelegenheit. Menschen beißen in Äpfel, sie beißen in Brötchen und sie beißen auf Besteck. SIE BEISSEN AUF BESTECK! Wirklich? Ja, das tun sie. Und das ist meine persönliche Eskalationsstufe. Im Restaurant taucht Herbert vom Nebentisch einen Löffel in seinen Espresso, rührt um und ... beißt auf den Löffel. Ich habe das Gefühl, dass ich mittlerweile dermaßen auf solche Situationen abgerichtet bin, dass ich sie noch viel stärker wahrnehme. Ich warte förmlich darauf, dass das Geräusch von Zähnen auf Metall ertönt. Bin ich verrückt? Hab ich nicht mehr alle Latten am Zaun? Nein. Ich bin hochsensibel. Und „Misophonist". Klingt gar nicht so schlecht ...

Mein natürlicher Feind sind Kaugummi-Kauer. Es gibt

auch Kaugummi-Lutscher. Die sind harmlos und mir persönlich sehr sympathisch. Nun heißt das Ding aber dummerweise nicht Lutschgummi, sondern Kaugummi. Am schlimmsten sind die, die sehr intensiv auf dem Stück Gummi herumkauen. Man könnte meinen, dass sie gerade versuchen, eine versteinerte Scheibe Toastbrot zu zerkleinern oder ihren Kiefer für einen Kau-Marathon zu trainieren. Das ist doch anstrengend, in aller Herrgottsnamen! Meine Endgegner sind die, die dabei die Lippen leicht geöffnet haben und dadurch das Knatschen in die freie Welt entlassen. Da kapituliere ich. Da kann ich nicht mehr und sage meinem hochsensiblen Ich: 1:0 für den Kaugummi-Kauer.

Wo ich diese ganzen Erfahrungen gesammelt habe? Natürlich in der S-Bahn. War klar. Man denkt immer, dass man alles erlebt und gesehen hat. Und dann wird man eines Besseren belehrt. Knallhart und ohne Vorwarnung. So war es mir zum Beispiel auch neu, dass man 15 Minuten lang einzelne Sonnenblumenkerne aus der Jackentasche ziehen, diese dann einzeln im Mund knacken und die angelutschte Schale ausspucken kann. Diese landet dann – dreimal darfst du raten – wieder in der Jackentasche. Der Brechreiz war da das Geringste, das in mir hochkam.

Ich habe gelernt mit meiner liebgewonnenen Misophonie zu leben, andere Menschen nicht sofort umzubringen und dreimal (einmal reicht nicht) tief durchzuatmen, damit ich nicht ausflippe. Das kann man trainieren, genauso wie Menschen für einen Triathlon oder „Schlag den Raab" trainieren. Meine Hochsensibilität hat mich wirklich stark gemacht. Da soll nochmal einer sagen, dass hochsensible Menschen Schwächlinge sind. Wir sind die Stärksten von allen. Denn wir trainieren jeden Tag eines: unsere Beherrschung.

Schon gewusst? Phonophobie ist im Gegensatz zu Misophonie die Angst vor Geräuschen. So ein Kaugummi kann also nicht nur wütend machen, sondern auch angsteinflößend sein. Echte Mistdinger ...

TEIL 2 – ALLTAG

BEZIEHUNGSPROBE KNUSPERMÜSLI

Ich schaue meinen Freund Patrick an und frage mich, ob das wirklich sein Ernst ist. Er schiebt den Vorhang der Umkleidekabine schwungvoll zur Seite und steht dort, tadaaa, mit einem Leoparden-Pulli und lächelt mich an. Dieses Lächeln kenne ich. Das meint der nicht ernst. Wir brechen in schallendes Gelächter aus und weiter geht die wilde Fahrt in der Umkleidekabine eines Streetwear-Ladens, während Eminem mir sein neuestes Lied um die Ohren haut. Immer wenn ich Patrick etwas frage, kommt ein „WAAAS?! Tut mir leid, ich versteh' dich hier drin gar nicht" zurück. Gegen Eminem haben wir keine Chance. So geht das schon seit zwei Stunden. Der ganz normale Shopping-Wahnsinn. Nachdem ich bereits vier Tüten zwischen meinen Füßen horte, ist nun mein

Freund dran. Da will ich mal nicht so sein.

Zwei Stunden später zu Hause will ich eigentlich auch nicht so sein. Ich bin fix und fertig, mein Schädel dröhnt und ich will nichts mehr hören oder sehen. Es war ein super lustiger Tag, ich habe mich während unseres Shopping-Trips gut gefühlt, aber jetzt scheint es, als würden alle Dämme brechen. Jedes Geräusch hat sich in meinen Schädel geschraubt. Meine Augen schweifen durch unser Wohnzimmer und nehmen doch nur die Hälfte wahr. Ich bin völlig überreizt. Und jetzt rate mal, wer vor mir hin und her springt und mir seine neuen Klamotten präsentiert ohne das geringste Anzeichen von Erschöpfung. Wir kennen uns jetzt schon eine Weile und mit ihm habe ich einen Partner gefunden, der mich nicht nur liebt, sondern auch meine Hochsensibilität versteht. Wenn ich es ihm erkläre. Manchmal.

Und nun ist mal wieder so ein Moment gekommen, in dem ich ihm erklären muss, dass mir das alles ein bisschen zu viel wird. Ich komme mir vor wie ein Spielverderber. Die gemeine Frau, die dem kleinen süßen Bengel seinen Lolli wegnimmt. Und doch geht es nicht anders. Wenn ich nicht sofort die Reißleine ziehe und meinen Partner in meine Gefühlslage einweihe, ist der Abend gelaufen, weil ich mit Kopfschmerzen k.o. gehe. So besteht wenigstens noch eine winzige Chance, dass wir einen ruhigen zweiten Teil des Tages miteinander verbringen, ohne dass es Tote oder Kopfschmerz-Opfer gibt.

Der Tee dampft, als Patrick ihn mir an die Couch bringt. Er hat verstanden und kennt meine Hochsensibilität und die damit einhergehende Überreizung. Aber noch nicht lange. Ich habe ihm vor einem halben Jahr einen Blogartikel von „Healthy Habits" vorgelegt und ihn gebeten, diesen zu lesen, wenn er mich wirklich verstehen will. Er las ruhig und geduldig und hat ab diesem Moment verstanden, warum ich manchmal so bin, wie ich bin. „Du bist nicht du, wenn du hungrig bist!" hat er immer die Werbung eines bekannten Schokoriegels zitiert und mich damit aufgezogen, dass ich hungrig und grummelig durch die Welt wandere und alles mit Blicken töte, das nicht bei drei auf dem Baum ist. Mittlerweile weiß er, dass mein Blutzuckerspiegel schneller als bei anderen Menschen in den Keller geht und das nicht zum Lachen ist. Wir lachen trotzdem manchmal drüber.

Ich nehme die dampfende Tasse Tee entgegen und schicke ein kleines Dankeschön gen Wohnzimmerdecke, dass ich einen Mann gefunden habe, der meine Hochsensibilität zwar nicht ganz nachempfinden kann, weil er selber nicht hochsensibel ist, sie aber akzeptiert und alles dafür tut, dass ich bei einer Unterzuckerung meine Mitmenschen weiterleben lasse.

Auch Patrick ist bereits dem Tod durch Erwürgen meinerseits von der Schippe gesprungen. Mein Motiv: ein Löffel. Der Löffel des Todes. Immer wieder vergräbt er den Löffel in einer Schale voller Joghurt mit Knuspermüsli und getrockneten Früchten und führt ihn sich genüßlich in den Mund. Na und?, würde so mancher nicht-HSP jetzt sagen. Wo ist denn das Problem? Das Problem entsteht in dem Moment, in dem er den Löffel nicht zwischen die Lippen nimmt, sondern auf den Löffel drauf beißt. Ja, genau. Auch er ist ein Löffel-Beißer. Muss ich ihm erklären, dass man den nicht essen kann? Macht er das, um mich zu ärgern? Nö. Er merkt es einfach nicht. Ganz einfach. Und doch treibt mich allein der Gedanke, dass er beim nächsten Happen wieder auf den Löffel beißen wird, zur Weißglut.

Ich schaue rüber und sehe meinen glücksseligen Freund, wie er seine Leibspeise vertilgt und sich in Sicherheit wähnt. Mit dem nächsten KLACK, KCHCHCH, KLIMPER kann ich nicht mehr und ich fahre ihn an, er möge doch bitte endlich seine Lippen und nicht seine Zähne benutzen! Völlige Entgeisterung in seinem Gesicht. Der hat wirklich nichts davon mitbekommen. Unfassbar! Kleinlaut entschuldigt er sich und grinst dann schelmisch. Er weiß genau, dass er auf meiner Abschussliste stand und gerade nochmal Glück gehabt hat. Weil ich so herrlich ehrlich zu ihm sein kann.

Natürlich ist es nicht immer leicht für ihn und es gibt weiterhin Dinge, die ich empfinde, höre, rieche oder sehe, die ihm verborgen bleiben. Er kann nicht nachvollziehen, warum ich mir bei jeder Werbeunterbrechung im TV die Fernbedienung schnappe und die Lautstärke herunterdrehe, weil die Werbespots gefühlt doppelt so laut sind. Dann kommen da noch die Geräusche hinzu, die von der

Werbeindustrie genutzt werden, um aus dem Tohuwabohu der Spots hervorzustechen. Ein Hoch auf die Soundeffekte des 21. Jahrhunderts. Versteht er nicht. Wird er auch nicht. Vergisst er immer wieder. Ich erinnere ihn immer wieder. Eine Beziehung macht aber genau das aus – die Liebe zu sich selbst und die Geduld mit dem anderen.

Viele Dinge behalte ich trotzdem für mich und möchte meinen Partner nicht zusätzlich belasten. Das ist wahrscheinlich normal in einer Beziehung, in der ein hochsensibler und ein nicht-hochsensibler Mensch zusammenkommen. Kleine Geheimnisse lassen sich ja auch noch nach und nach lüften.

Breaking News: Getrocknete Bananen im Müsli sind noch gemeiner als knatschige Bananen in der S-Bahn. Bananen geben wirklich alles, um uns HSPs das Leben schwer zu machen.

ZWISCHEN ENDORPHINEN UND POLYESTER

Ich habe lange Zeit in einem E-Commerce-Unternehmen gearbeitet und wurde damit aufgezogen, dass Online-Shopping nicht gerade zu meinen Lieblingsbeschäftigungen zählt. Viele HSPs sagen das Gegenteil. Sie kommen mit der Geräuschkulisse in der Stadt und in den Läden, in denen laut Techno-Musik aus den Lautsprechern dröhnt, nicht zurecht. Online-Shopping ermöglicht es, in der Stille der eigenen vier Wände Lieblingsstücke auszusuchen und dann per Knopfdruck einfach alles nach Hause liefern zu lassen. Wie praktisch. Ich sage: wie stumpf. Shopping ist doch viel mehr als nur der Kauf von neuer Kleidung und Accessoires. Es ist ein wahres Feuerwerk für die Sinne.

Beim Online-Shopping fällt ziemlich alles weg, was das Shopping für mich großartig macht. Die Passform, das

Material, das Gefühl des Stoffes auf der Haut (und natürlich der Spaß an Modenschauen in der Umkleidekabine). Ich gehe im Laden an den Kleiderstangen vorbei und lasse alle Stoffe durch meine Finger gleiten. Verkäuferinnen hassen mich wohl dafür, dass ich alles „antatschen" muss. Das Problem: Wenn ich das Material nicht gefühlt habe, kann ich das Teil nicht kaufen. Verrückt. Oder einfach nur hochsensibel. Spätestens an der Kasse dankt mir mein Körper mit einem Feuerwerk an Endorphinen.

Natürlich geht es aber auch mir als HSP so, dass eine Shoppingtour meine Kraftreserven und Nerven raubt. Nach einem Nachmittag in der Stadt fühlt sich mein Kopf nicht selten an, als hätte sich ein nettes Bienenvölkchen darin eingenistet und seine Einweihungsparty gefeiert. Trotzdem wage ich mich immer wieder auf eine Einkaufsmeile und stürze mich in das bunte Treiben. Zu magisch ziehen mich die Geschäfte mit all ihren bunten, teilweise verrückten Schaufenstern an. An Weihnachten erreicht das Ganze seinen Höhepunkt mit Glitzer, Lichtern, Lametta, goldener Spiegelfolie und einem Remix aus „Stille Nacht, heilige Nacht", „Oh Tannenbaum" und „Feliz Navidad". Weihnachtsshopping gleicht damit einem Krieg bei besinnlicher Musik, in dem die Designer-Handtaschen-Liebhaberin der Hausmuddi an die Kehle geht und ihr die letzte Handtasche mit den Worten: „Geil, die is' sowas von fancy!" wegschnappt.

So oder so geht es beim Shopping nicht selten um's

Überleben. Manchmal muss ein Mann seine Frau nach einem Shoppingtag pflegen und die ergatterte Tasche auf einem Podest im Wohnzimmer aufbahren, weil sie das Einzige ist, das die Schmerzen zu lindern vermag (ich spreche aus Erfahrung). Daraufhin habe ich mir im Laufe der Jahre eine Shopping-Überlebens-Strategie zurechtgelegt. Ohren gespitzt:

Regel Nummer 1: Gehe niemals samstags in die Stadt! Hier haben sämtliche Shopping-Wütige Freigang. Wenn du dich trotzdem wagst, nehme einen Bodyguard mit. Der kann zwar keine Geräusche abschirmen, aber dafür die Verrückte, die dir die Tasche aus der Hand reißen will.

Regel Nummer 2: Fahre mit dem Auto in die Stadt. Öffentliche Verkehrsmittel lassen den Ruhepuls schon beim Einsteigen explodieren. Ist zumindest bei mir so. Seitdem ich eine Fitbit trage, kann ich das sogar live mitverfolgen. Ähnelt der Beschleunigung eines Porsche 911 Turbo S – von Ruhepuls 60 auf 180 in 3,08 Sekunden.

Regel Nummer 3: Wechsele Läden, die superhip sind, weil die Musik mit 95 Dezibel aus den Lautsprechern dröhnt, mit Läden eines ruhigeren Kalibers ab. Nach 15 Minuten Techno-Beschallung im Fashion-Store lohnt sich meistens ein Gang in einen Buchladen.

Regel Nummer 4 (spätestens zu Hause wirst du mir danken): Fühle Stoffe, rieche an ihnen, beobachte wie sie fallen und überprüfe immer, um welches Material es sich handelt. Kaufe niemals ein Shirt, das zu einem Großteil aus Polyester besteht. Ein Graus für die Umwelt und für deine Haut.

Kennst du das Gefühl, wenn du ein Shirt anhast, das einen hohen Polyester-Anteil hat und sich eine unangenehme Hitze auf deiner Haut bildet? Gleich danach folgt ein dünner Schweißfilm und wenn dieser mit dem Polyester in Berührung kommt, ergibt sich ein einzigartiger Geruch: zum Davonlaufen! Für eine feine HSP-Nase ist das ungefähr der Worst Case. Also: Keine Klamotten aus reinem Polyester.

Es gibt Stoffe, die fließen, sich toll anfühlen, von bester Qualität sind und trotzdem „stinken". Manche Menschen schwören darauf, ein Kleidungsstück nach dem Kauf erstmal zu tragen, bevor sie es waschen, weil es doch neu und damit sauber ist. Der industrielle Geruch von Bleich- oder Färbungsmitteln ist allerdings mit das Schlimmste, was man mit sich rumtragen kann. Dann gilt nämlich: Man kann keinen Bogen um die Geruchquelle machen. Die Geruchquelle ist man selbst. Was für ein Albtraum ...

Diesen Fehler habe ich einmal gemacht. Einmal und nie wieder. Die Tatwaffe ist eine schwarze Hose, eine Jeans. Ganz unscheinbar. Morgens in der Hektik und mit meinem noch halb schlafenden Hirn entscheide ich mich, meine neue (ungewaschene) Hose für einen Tag im Büro anzuziehen. Ist doch nichts dabei! Denkst'e ... Den ganzen Tag laufe ich mit dem beißenden Geruch von

Kaliumpermanganat in der Nase herum und lege mir bereits nachmittags vor lauter Verzweiflung meine Jacke über die Beine, weil das ein wenig das Geruchs-Martyrium lindert. Ich kann dir sagen: Ich habe mich selten so darauf gefreut, abends meine wohlriechende Jogginghose anzuziehen, wie an diesem Tag. Das ist mir ein Kreuz im Kalender und ein Memo an mich wert, nie wieder ungewaschene neue Kleidung zu tragen.

Unnützes Wissen: Polyester sind Polymere, die in ihrer Hauptkette Esterfunktionen beinhalten. Diese Fasern sind nicht atmungsaktiv, wodurch sich Schweiß auf der Haut bildet und nicht abgeleitet werden kann. Zur Krönung werden die meisten Polyesterfasern aus Rohöl hergestellt. Denke nochmal darüber nach, ob du sowas auf deiner Haut tragen möchtest.

NACHOS AUS DER HÖLLE

Es ist heiß. Sehr heiß. Es ist der Jahrhundertsommer im Jahr 2018 und mein Freund und ich schwitzen. Wir s-c-h-w-i-t-z-e-n wie verrückt. Wir sitzen gemeinsam in meiner kleinen Dachgeschosswohnung, in der man wie in einem Backofen im Hochsommer gegrillt wird. Nur noch mit dem nötigsten bekleidet überlegen wir, ob wir das zwanzigste Mal in einen Biergarten gehen, um der dünnen Luft in meiner Wohnung zu entfliehen, bis die Abendstunden ein wenig Abkühlung bringen. Aber selbst im Biergarten läuft uns der Schweiß, sobald wir unsere Gläser zum Prosten anheben. Das ist also keine gute Idee. Wir haben nur einen Gedanke: Nicht mehr schwitzen!

Und dann kommt uns die beste Idee, die wir bis dato hatten. Der neue Action-Thriller mit Tom Cruise ist diese Woche herausgekommen (welch glorreiche Idee einen neuen Blockbuster im August zu veröffentlichen) und im Kino hatte ich bisher immer ein Problem: Ich habe gefroren, weil die Klimaanlage auf Hochtouren läuft. Das ist perfekt! Allein der Gedanke an's Frieren macht uns glücklich. Wir ziehen so wenig wie möglich an und fahren mit wehenden Fahnen ins Kino. Auf diese Idee sind scheinbar auch ein paar andere Schlauberger gekommen. Wir sind eben doch keine Nobelpreisträger. Trotzdem haben wir noch Karten für zwei gute Sitzplätze ergattert und sitzen nun freudestrahlend in der wohltemperierten Empfangshalle des Kinos. Der Film fängt erst in einer halben Stunde an. Angeblich. Wenn man die halbe Stunde Kino-Werbung dazu rechnet, könnte man in der verbleibenden Zeit noch einen ganzen „Herr der Ringe" schauen. Wir haben immerhin aufgehört zu schwitzen.

Wie wir da so glückselig mit unserem gerade erstandenen Popcorn sitzen, betritt eine Truppe grölender Kerle den Raum. Der Geräuschpegel steigt, das Niveau sinkt. An der Bar bestellt jedes der Prachtexemplare erstmal ein Bier und versucht mit der armen Dame hinter der Theke zu flirten. Die haben scheinbar Ausgang und hauen bei ihrem Männerabend so richtig auf den Putz. Genau der Schlag Mensch, der mir als HSP unangenehm aufstößt. Bei denen stößt nur das Bier auf, weil sie es viel zu schnell trinken. Sie sitzen jetzt in Hörweite und ein dummer Spruch jagt den nächsten. Ich sende ein Stoßgebet gen Kinodecke, dass diese Proleten nicht in unseren Film wollen. Das ertrag ich nicht. In der Mitte des Ganges, der zu den Kinosälen führt, leuchten acht Nummern rot. Alle Kinos sind noch belegt. Wir überbrücken die Zeit mit Beobachtungen von den affenähnlichen Wesen, die an der goldgelben Brühe hängen wie Säuglinge an ihrer Mama. Plötzlich springen Kino Nummer drei und sechs auf Grün. Ich halte die Luft an. Wir sind in Kino zwei. Als die Affenhorde das grüne Licht bemerkt, setzt sich ihr Anführer in Bewegung und der Rest trottet hinterher. Glück gehabt – die wollen in den neuen Horrorfilm, der vielleicht sogar deren Gehirnzellen auf Trab bringt. Ich bedanke mich beim Kino-Gott und freue mich nun auf einen Film, den ich mit allen Sinnen genießen kann. Wir haben die 3D-Brillen schon bekommen und am meisten freuen wir uns auf die besondere Akustik, mit der das Kino seit der Renovierung Anfang des Jahres wirbt.

Schall: „Sich wellenförmig ausbreitende Schwingungen, die vom menschlichen Gehör wahrgenommen werden." Ein Wunder der Natur. Ein Wunder der Natur?! Für mich ist es eine Bestrafung, denn meine Ohren ähneln einem äußerst empfindlichen Folterinstrument. Es ist bekannt, dass HSPs zu Geräuschempfindlichkeit neigen, aber ich entdecke an mir immer wieder Grenzen, die ich zu überschreiten drohe, falls bestimmte Geräusche nicht SOFORT aufhören. So sitze ich also nun im klimatisierten Kinosaal (was bis vor anderthalb Stunden noch mein größter Wunsch war) und bin entweder kurz davor, meinen Sitznachbarn zu erwürgen oder aus dem Saal zu rennen. Meinetwegen in die Höllenhitze, alles besser als mein Nacho-fressender Nebenmann.

Mein Freund kennt mich ja bereits ganz gut. Er kann meine Blicke deuten und weiß, wie sehr mich Essgeräusche auf die Palme bringen. Meistens kann ich dem entfliehen, indem ich einfach den Raum wechsele, die Musik lauter drehe oder selber esse. Jetzt überlege mal, wie viele Möglichkeiten mir davon in einem Kino bleiben. In einem Kino ... Ich habe weder eine Fernbedienung noch kann ich mich woanders hinsetzen. Da es ein Fremder ist, kann ich ihn auch schlecht fragen, ob er mal die Güte hätte, seine Nachos etwas leiser in seinem Mund zu zerkleinern. Soweit mir bekannt ist, ist das auch unmöglich. Ich starre also meinen Freund hilfesuchend an und er registriert, dass mir fast die Augen raushüpfen. Er mag meine Augen. Jetzt überlegt er es sich wohl nochmal. Als das Geknusper neben mir zu einem wahren Orchester anschwillt, packe ich den Oberschenkel von meinem Freund und drücke zu. Jetzt hüpfen ihm die Augen raus. Ups, sorry! Ich habe mich auf eine atemberaubende Akustik gefreut! Dass mein Sitznachbar dafür sorgen würde, habe ich allerdings nicht erwartet.

Eine Nachotüte, ein Käse-, ein Salsa- und ein Guacamole-Dip später bluten meine Ohren, aber meine lebenswichtigen Organe haben mich irgendwie durch die letzte halbe Stunde gebracht. Als der Nacho-Vernichter in den leeren Behälter greift und seine fettigen Finger verzweifelt nach den letzten Krümeln suchen, kann ich mein Glück kaum fassen. Hoch lebe die mikroskopisch kleine 100g Kino-Nacho-Packung für 12,90€.

Entspannt lehne ich mich zurück und freue mich nun auf den Film. Die Musik des Einspielers ertönt. Ein Hahn kommt ins Bild stolziert und läuft über den Namen des Filmwerks. Zwischen zwei Buchstaben bleibt der Hahn stehen. Mit einem Flügelschlag flutscht ein wohlgeformtes Ei zu Boden und ergänzt den Schriftzug mit einem „i". Habe ich in Biologie nicht richtig aufgepasst oder stellt die Filmindustrie die Natur von Hennen und Hähnen auf den Kopf? Solche Kleinigkeiten können mich tagelang noch beschäftigen, wahrscheinlich auch das große Los, das ich als HSP gezogen habe.

Nach einem actionreichen Film spazieren wir wohltemperiert durch den lauwarmen Abend zu unserem Auto. Der Kinobesuch war großartig, mein Sitznachbar war für den Rest des Filmes so an die Leinwand gefesselt, dass er keinen Mucks mehr von sich gegeben hat und es war irgendwie doch ein schöner Ausflug. Bis auf den Hahn. Ein Hahn legt keine Eier. Basta!

Hast du darüber schon mal nachgedacht: Wie hoch ist wohl der Stückpreis für einen Nacho, wenn eine 100g-Box mit drei Dipps 12,90€ kostet?

TEIL 3 – KÖRPER

LAMBADISCHE UNORDNUNG

Kluge Menschen sagen, die innere Ordnung hat immer etwas mit der äußeren Ordnung zu tun. Es entspricht also meiner Natur meine äußere Umgebung so sauber und ordentlich wie möglich zu halten. Dadurch ergibt sich auch eine innere Ordnung, besonders dann, wenn ich nach einem völlig reizstarken Tag nach Hause komme und das Gefühl habe, meine Gedanken tanzen Lambada in meinem Hirn. Wobei ich nicht mal weiß, wer die feurigen brasilianischen Klänge aufgelegt hat. Leider gibt es keinen Aus-Schalter und stummschalten lässt sich das Gedudel auch nicht. Also schnappe ich mir an solchen Tagen den Spüllappen und danke meiner Vermieterin, dass sie keine Spülmaschine in meiner Küche eingebaut hat. Ich hasse spülen wirklich! Sehr!

Aber in diesem Moment der inneren Verhedderung in dem Lambada-artigen Gedanken-Wirrwarr gibt es nichts Besseres als das Geschirr in das heiße Wasser zu tauchen. Von Minute zu Minute entspanne ich mich mehr und kann endlich das brasilianische Gedudel ein bisschen leiser drehen. Olé!

Nach fünf Tellern, drei Gabeln, vier Messern und zehn Gläsern sieht meine Küche wieder besser aus und in meinem Kopf herrscht auch wieder Klarheit. Schluss mit Lambada. Alle Gedanken stehen in Reih und Glied. Ein tolles Bild, so voller Ruhe und Harmonie.

Das war nicht immer so, beziehungsweise eher die Ausnahme. Es gab Zeiten, in denen ich mich noch nicht so gut kannte und wusste, welche Knöpfe ich drücken muss, um mein inneres Gleichgewicht wiederherzustellen. Wir bleiben ja aber zum Glück nicht auf unserem Gefühls- und Wissenstand stehen. Bleib auch du immer offen für Neues, für einen Ratschlag eines guten Freundes, für einen empfohlenen Blogartikel, für eine Küche ohne Spülmaschine. Manchmal sind die wahren Alltagshelfer auf den ersten Blick als Spülbecken verkleidet. Manchmal sagen sie dir aber auch ganz freundlich „Hallo" und schicken dir einen Link zu einem Artikel per WhatsApp. Sei offen. Du weißt nie, wohin dich diese Offenheit führt.

Nach dem Spülen bin ich erstmal wieder tiefenentspannt. Natürlich gibt es auch Tage, an denen José, der heißblütige Lambada-Trainer, wieder wie durch einen heißen Ölkessel gezogen in meinen Kopf rauscht und in die Hände klatscht. Alle Gedanken fangen wieder wie auf Knopfdruck an, Lambada zu tanzen und lachen meinen Spüllappen aus. Das ist nicht fair – der Lappen hat mir schon gute Dienste erwiesen ...

Spektakulär: Laut Wissenschaftlern befinden sich auf einem Spüllappen mehr als 5,4 x 10^{10} Keime pro Kubikzentimeter. Wäre ein Spüllappen dann ein Flash-Mop, wenn die Lambada tanzen?

ICH NEHM'S SPORTLICH

Der Kopf glüht, das Herz rast. Wenn man sich im Sport mal so richtig verausgabt, ist das ein unglaublich befreiendes Gefühl und der Stolz nach einer absolvierten Trainingseinheit lässt nicht lange auf sich warten. Mit geschwellter Brust zücke ich das Smartphone und erstelle einen Boomerang von meinen joggenden Füßen. Für die, die Social Media technisch nicht ganz so bewandert sind: Ein Boomerang ist eine Erfindung von Instagram, um Leistungen, Schnappschüsse und ulkige Bewegungsabläufe in Dauerschleife seinen Followern unter die Nase zu reiben. Eine Oma, die am Weihnachtstisch ihrem Rapper-Enkel eine Ghetto-Faust gibt, kann somit endlos begutachtet werden und versetzt die Zuschauer bei jedem weiteren Abspielen in Ekstase. So auch meine joggenden Füße, wie sie am Main entlang laufen und meinen Followern vermitteln, dass ich topfit bin. Muss ja keiner wissen, dass ich 50 Meter später prustend und schnaubend stehengeblieben bin und ein Boomerang dann nur noch meine Schweißperlen auf und ab fließen lässt. Deshalb fühle dich nicht schlecht, wenn ungefähr jeder zweite in den sozialen Netzwerken seine sportlichen Höchstleistungen darstellt. Vielleicht haben diese sich auf die drei Sekunden begrenzt, die ein Boomerang zur Verfügung stellt.

Nach einem halbstündigen Lauf durch die frische Luft am Main bin ich als HSP auf jeden Fall deutlich entspannter und könnte voll mit Adrenalin die Welt umarmen. Ein guter Lauf sortiert die Gehirnzellen neu und manchmal kommen mir geniale Ideen, wenn ich in meinem Rhythmus über den Asphalt trabe. Generell funktioniert bei mir die Taktik relativ gut, meinen Körper etwas Einsilbiges tun zu lassen, damit das Hirn aufwärmt. Die besten Ideen kommen mir entweder beim Sport, beim Staubsaugen, beim Duschen oder Föhnen. Tätigkeiten und Bewegungsabläufe, die mein Hirn aus dem Effeff kennt und sich somit anderen Dingen widmen kann. Schon mal probiert? Scheint ein ähnliches Phänomen zu sein, wie das Spülen ...

Nach dem Sport kommt leider häufig die Kehrseite der hochsensiblen Medaille zu Tage. Da mein Körper beim Sport zu noch größeren Höchstleistungen auffährt, als er es sowieso schon jeden Tag muss, empfinde ich einige Nebenwirkungen, wenn ich vorher bestimmte Regeln nicht befolge. So ist mir nach dem Sport immer kalt, egal wie heiß ich dusche. Während mein Freund nach dem Sport glüht wie ein Kachelofen, fährt mein Kreislauf so schnell wieder auf Normaltemperatur herunter, dass er oft über das Ziel hinausschießt. Zurück bleibt eine Frostbeule, die vergeblich versucht, ihre eiskalten Füße an dem Kachelofen zu wärmen. Aber der wehrt sich ...

Ein großes Thema sind außerdem Kopfschmerzen. Hast du dich schon einmal gefragt, warum du nach dem Sport zu Kopfschmerzen neigst? Unsere grauen Zellen sind daueraktiv, sodass sie auch gut durchblutet werden müssen. Je mehr Wasser wir zu uns nehmen, umso besser ist die Durchblutung und die Sauerstoffzufuhr. Beim Sport verlieren wir einiges an Flüssigkeit und müssen dieses Defizit wieder ausgleichen. Allerdings sollte es gar nicht erst zum Defizit kommen, sodass es für uns außerordentlich wichtig ist, VOR dem Sport genügend zu trinken. Seitdem ich diese kleine Regel befolge, haben sich meine Sport-Kopfschmerzen verabschiedet. Und wenn sie doch mal wieder an die Tür klopfen, hilft meistens eine Magnesium-Tablette aus der Apotheke – hochdosiert und hochpreisig.

Fragen über Fragen: Wo haben Instagram-Sporties eigentlich während ihres Workouts ihr Smartphone? Und wer ist dieser Unbekannte, der all die sporty Boomerangs aus der supersporty Perspektive macht? #sportygirl

MEIN BESTER FREUND: DAS HISTAMIN

Das Taschentuch in meiner Hand trieft. Zum hundertsten Mal habe ich mir heute die Nase geputzt und bin verwundert, wie da immernoch etwas rauskommen kann. Das Jahr 2018 ist ein Mastjahr. Super, hab ich auch schon gemerkt. In Mastjahren sind die Pollen dermaßen aggressiv, dass ich das Gefühl habe, sie versuchen sich gewaltsam in meiner Nase eine gemütliche 3-Zimmer-Wohnung einzurichten und renovieren erstmal ordentlich. Alles muss raus. Ich dagegen traue mich keinen Schritt mehr vor die Tür. Die Leute schwärmen von den duftenden Rapsfeldern. Die Leute lieben blühende Weiden. Die Leute träumen von einem Picknick in kniehohem Gras. Die Leute haben verdammt nochmal keinen Heuschnupfen!

Während viele den Sommer mit einem frischen Obstsalat

auf ihrem Balkon genießen und abends zum Glas Wein ein paar Nüsschen snacken, halte ich die Luft an. Der ach so gesunde Obstsalat würde meine Lippen aufs Doppelte anschwellen lassen und die Nüsschen meine Luftröhre gleich mit. Den Jackpot des Allergikers habe ich bereits in meiner Kindheit gewonnen. Komisch. Ich habe nie ein Los dafür gekauft. Manchmal kann man es sich eben nicht aussuchen und so wurde der Verzicht zum unfreiwilligen Hauptgewinn meines Lebens. Während andere sich durch's Buffet futtern, frage ich mich nach Inhaltsstoffen durch. Während Kinder ihre Nasen in das Fell von Zwergkaninchen drücken, flüchte ich nach Luft japsend ins Freie. Am Anfang ist es schwer und es fühlt sich unfair an. Ich habe doch auch in meiner Kindheit im Dreck gewühlt und draußen gespielt. Meine Allergien sind trotzdem fröhlich in mein Leben marschiert. Gibt es da einen Zusammenhang mit meiner Hochsensibilität?

Nicht nur mein Geist ist hochsensibel, auch mein Körper. Um dem Ganzen auf den Grund zu gehen, habe ich auf Empfehlung einen Homöopathen besucht. Der Begriff allein hat mir bereits einen Knoten in die Zunge gemacht. Da muss ich nicht mal in einen gemeingefährlichen Apfel beißen. Der Weg zu Professor Doktor Homöopath ist bereits mehr als abenteuerlich. Als echter Naturfreund hat er seine Praxis fernab der Stadt und steht mehr auf Wald, Wiesen und Felder. Die ziehen nur so an mir vorbei, als mein Navi quäkt, dass ich mein Ziel in 1.200 Metern erreicht habe. Wie? Hier draußen ist doch nix. Hat der seine Praxis in einem Fuchsbau?

Einige Minuten später betrete ich den Fuchsbau, der erstaunlich modern eingerichtet ist. Er hat eine Tür (clever, diese Füchse), ein nettes Wartezimmer und einen kleinen Empfangstresen, an dem ich freundlich begrüßt werde. Ich antworte mit einem fetten Nieser, den ich nicht mehr zurückhalten kann. Selber schuld, wer seine Praxis für Allergiker im Feld!!! eröffnet. Kurz begehe ich den Fehler und wende meine Augen von der Empfangsdame ab und sehe in einem Regal ein Glas voller Blutegel. Das hier ist was für Hartgesottene, denke ich und trabe vorbei an Postern zur modernen Blütenheilkunde. Geradewegs hinein ins Behandlungszimmer, in dem ich doch bitte auf Professor Doktor Doktor Blütenzauber warten soll.

Er reitet. Durch einen Fluß. Mit einem Pferdeschwanz. Das wird ja immer witziger. Ich sitze auf dem Patientenstuhl im Behandlungszimmer und inspiziere den Raum. An der Wand mir gegenüber hängt ein Bild aus dem Jahre 1979 und zeigt den Menschen, in den ich all meine Hoffnung lege. Reitend. Naturverbunden isser ja, der Mann. Prompt geht die Tür auf und ich sehe meinen potenziellen Heiler das erste Mal. Sieht irgendwie nett aus. Den Pferdeschwanz hat er immernoch, unfassbar muskulöse Unterarme und braungebrannt bis unter die Haarwurzeln. Als Homöopath hat man scheinbar auch Zeit, in der Sonne zu liegen.

Achtung, jetzt wird's ein bisschen esoterisch. Die Wünschelrute, mit der Herr Blütenzauber meine Körperenergien misst, ist auf mich gerichtet und wippt seltsam auf und ab. Was macht der da? Ist das ein Scherz? Ich verkneife mir ein Lachen und bleibe ernst. Bin ja nicht zum Spaß hier. Die Wünschelrute scheint dem Doc eine Art Code zu diktieren, denn er fängt wie verrückt an, wilde Buchstaben- und Zahlenkombinationen auf ein Blatt Papier zu schreiben. Ich schaue auf die kryptischen Aufzeichnungen und frage mich, welche Geheimsprache das sein mag.

„Ihre Leberwerte sind nicht optimal."

Klar. Hab ich auch gesehen. Hat die Wünschelrute eindeutig gesagt. Zur Bestätigung der Diagnose schwingt jetzt noch ein Pendel von links nach rechts über das Blatt.

„Klare Sache: eine Entgiftung muss her. Dann wird's auch besser mit den Allergien", diagnostiziert mir der Homöopath.

Ich stimme nickend zu.

„Am besten man fängt da mit Globulis und einem Spray an."

Super Idee, Nasenspray brauche ich sowieso für meinen Heuschnupfen, denke ich. Als er hinzufügt, dass ich mir das Spray doch bitte drei Mal am Tag in die Armbeuge sprühen soll, kann ich endgültig nicht mehr und muss lachen.

„Sie werden schon sehen ...", reagiert er selbstbewusst auf meine offensichtlichen Zweifel und flößt mir noch fünf Globuli to go ein.

Ich verlasse gespannt den Fuchsbau und soll schon bald eines Besseren belehrt werden.

Genial, einfach genial. Armbeugenspray für alle! Ich sprühe seit Wochen wie ein Weltmeister und meine Armbeuge war wohl noch nie so gepflegt. Keine Ahnung, was es mit dieser Armbeugen-Nummer auf sich hat, aber ich bin völlig aus dem Häuschen. Natürlich nehme ich noch Nasenspray, manchmal Antiallergika und bin das lästige Niesen nicht komplett los, aber es ist besser geworden. Wirklich besser! Ein Hoch auf den Wünschelruten-Meister. Außerdem habe ich mich schlau gemacht und herausgefunden, dass meine Ernährung ganz nah mit den Symptomen meines Heuschnupfens zusammenhängt. Das Zauberwort lautet Histamin. In der Zeit, in der man Heuschnupfen hat, sollte man sich möglichst histaminarm ernähren, um die Symptome nicht noch zu verstärken. Jetzt liegt also eine ellenlange Liste mit Lebensmitteln vor mir, die einen hohen Histamingehalt haben. Oh Shit! Da steht ungefähr alles drauf, was ich gerne esse – gerade im Sommer – was ab jetzt aber verboten ist. Alle Lebensmittel, die einen Reifeprozess durchlebt haben, sind für mich ab jetzt tabu. Ich mache es kurz. Meine größten Feinde sind: Thunfisch, Salami, Parmesan, Alkohol, überreife

Bananen (waren sie eh schon) und Dosenerbsen. Eigentlich alles, was aus Dosen kommt. Jetzt ist also frisch einkaufen und selbst kochen angesagt. Challenge accepted!

Rückblickend war die Ernährungsumstellung die beste Entscheidung überhaupt, auch wenn es mir heute noch schwer fällt. Die getrocknete Salami auf dem Wochenmarkt lässt mir immernoch das Wasser im Mund zusammenlaufen und ganz unter uns: Ich sündige. So wenig wie möglich, aber so oft wie nötig. Bin ja schließlich auch nur ein Mensch. Ein hochsensibler, der nach einem anstrengenden, reizstarken Tag zur Salami greift. Nicht weitersagen.

Fun Fact: Füchse jagen bevorzugt mit Hilfe des Erdmagnetfeldes. Z.B fangen sie Mäuse durch einen hohen Sprung in Nordostrichtung und lassen sich so auf ihre Beute fallen.

TEIL 4 – GEIST

CONTENANCE IM GROSSRAUMBÜRO

Quizfrage: Was ist für eine hochsensible Person schlimmer? Ein Tag am Hauptbahnhof oder ein Tag im Großraumbüro? Kommt am Ende des Tages ungefähr auf's Gleiche raus. Meine Reizschwelle ist nach acht Stunden im Hühnerstall gemeinsam mit 29 super engagierten Kollegen so überschritten, als hätte ich meinen Kopf neben die Gleise am Frankfurter Hauptbahnhof gelegt. „Großraumbüros fördern die Kreativität", haben sie gesagt. „Großraumbüros machen kommunikativer", haben sie gesagt. Das MÜSSEN Leute gesagt haben, die nicht hochsensibel sind. In der heutigen Berufswelt ist es ja total hip, mit 29 anderen Hipstern in einem hippen loftartigen „Office" zu arbeiten. Hip hip, hurra!

Acht Stunden können verdammt lang sein, wenn man die Hälfte der Zeit darum kämpft, sich endlich auf eine Sache konzentrieren zu können.

„Darf ich dich kurz stören?"

Na klar, gar kein Ding. Ich hatte immerhin vor drei Minuten endlich die Ruhe gefunden, meine Zahlen durchzugehen, aber kein Problem. Stell' mir ruhig deine Frage, die nicht mal ZEHN MINUTEN WARTEN KANN! Bin ich laut geworden? Ach nee, waren nur meine Gedanken. Stattdessen forme ich mein schönstes Lächeln und nicke. Gehört auch zu meiner Hochsensibilität. Ich kann ganz schwer „Nein" sagen. Nachdem ich also die GANZ GANZ wichtige Frage beantwortet habe, wo man in Word Sonderzeichen einfügt (hätte man nicht googeln können, nein. Aber jeden Furz über Herzogin Meghan und Prinz Harry in die Suchmaschine reinhämmern ...), versuche ich mich wieder in meine Zahlen hineinzudenken.

Dreimal darfst du raten – die Ruhe hält nicht lange an. Falls mich irgendjemand irgendwann aus irgendeinem Grund mal so richtig auf die Palme bringen möchte, kommt hier der ultimative Tipp: Man nehme eine Person, die am laufenden Band die Nase hochzieht und setze sie neben mich. Ich garantiere, dass ich innerhalb von wenigen Minuten die Contenance verlieren werde und der Person völlig außer mir ... ein Taschentuch reiche. Im Büro habe ich dementsprechend jederzeit ein Taschentuch griffbereit, weil es immer irgendeinen

Kollegen gibt, der „voll fairtrade" eingestellt ist und sich nicht die Nase putzen will, weil jedes Taschentuch einen armen Baum das Leben kostet. Hat er ja Recht. Wenn er aber nicht aufpasst, kostet es bald sein Leben, wenn er noch einmal die Nase hochzieht.

Eigentlich gleicht ein Großraumbüro einem Labor. Wenn man 30 Menschen in einem Raum zusammenpfercht, entdeckt man ganz viel an sich selbst und auch anderen, was einen nervt. Viele Leute haben ja schlichtweg einen Tick. Und der kommt im Großraumbüro so richtig schön zur Geltung. Da wäre zum Beispiel der ganz eifrige Sales-Mitarbeiter, der natürlich alles, was der potenzielle Kunde am Telefon sagt, mitschreiben möchte. Dafür hat er einen Kugelschreiber in der Hand, wie ein Jäger sein Gewehr im Anschlag, immer bereit, den ersten Strich auf dem Papier zu machen. Jetzt ist es aber so, dass das Telefonieren seinen ganzen Grips erfordert, der Rest seines Gehirns (der Großteil) aber auch etwas zu tun braucht. Und da kommt es zur Übersprungshandlung. Klick, klick, klick, klick, klick, klick, klick, klick. Na, nervt's dich schon beim Lesen? Unermüdlich klickert der Daumen auf dem Kugelschreiber rum. Merkt der das nicht? Und mal wieder die Antwort: Nee, der merkt das nicht!

Eine weitere Großraum-Spezies habe ich neulich erst entdeckt. Die ist so leise, dass man gar nicht meint, dass sie einen nerven kann. Tut sie aber. Ge-wal-tig! Es ist eine besonders stille Art von Kollegin. Sie rödelt so vor sich hin, immer nett, keine Fragen über Sonderzeichen in Word, keine Kugelschreiber. Sie hat sogar total rücksichtsvoll und weil sie vielleicht selber den Krach nicht so gut erträgt, Kopfhörer im Ohr und hört leise Musik. Es gibt ja Leute, die ihre Musik per Kopfhörer so laut hören, dass auch ihr Dunstkreis was davon hat. Aber nein, das tut sie nicht. Was hat die Alte denn nun schon wieder zu meckern?, fragst du dich vielleicht. Das Zauberwort heißt „Summen". Sie summt jeden Song mit als wäre sie Herr Sumsemann aus Peterchen's Mondfahrt. Mein Lieblingsfilm in meiner Kindheit, das nur nebenbei. Jetzt stell dir doch mal bitte jemanden vor, der den ganzen Tag vor sich hin summt. Mmmmmmmmmh mmmmmmmh mmmmmmmmmmmh mmmmmmmmh. Schwierig hier darzustellen, aber ich bin mir sicher, du hast den Beat von den Spice Girls im Ohr. Und danach Michael Jackson: Mmmmmmmmmh, mmmmmh, mmmmmmmmh, mmmmmh. Manchmal summt sie noch die Instrumente mit. Ich breche innerlich auf meinem Schreibtisch zusammen. Dafür hab ich aber keine Zeit, weil schon wieder der nächste hinter mir steht und mich fragt, ob heute die Kohlensäure-Kartusche von unserer Frischwasser-Anlage ausgewechselt wird. Sonst noch was?!

Ich bin nicht unfehlbar. Wahrscheinlich habe auch ich irgendeinen Tick, mit dem ich einen anderen HSP im Großraumbüro auf die Palme bringe. Laut Statistik müssten bei 29 Kollegen ja mindestens noch drei andere HSPs in meinem Büro sein. Ich habe Vermutungen, wer es ist. Aber wie wir HSPs nun mal so sind, habe ich mich noch nicht getraut, sie darauf anzusprechen. Welch' Ironie.

Apropos: Ich bin ein Befürworter der schwedischen Arbeitskultur. Die experimentieren ja gerade mit dem 6-Stunden-Arbeitstag und haben herausgefunden, dass die Produktivität deutlich ansteigt. Kein Wunder. Sind ja auch zwei Stunden weniger, in denen einem blöde Fragen gestellt werden können.

AM BERUFLICHEN SCHEIDEWEG

Es passieren Dinge, die sind einfach nicht schön. Dazu gehört sicherlich auch der Gang zum Arbeitsamt. Der Gang nach Canossa ist dagegen wohl ein Spaziergang gewesen. Ich habe meinen Job (im Großraumbüro) gekündigt und bin auf dem Weg, um mich arbeitslos und arbeitssuchend zu melden. Das ist ein enormer Unterschied, wie ich erfahren habe. Man lernt ja bekanntlich nie aus. Aber dazu später mehr.

Jetzt laufe ich erstmal an der riesigen Schaufensterfront eines Sex-Shops vorbei und genieße den kleinen Spaziergang durch das beste Viertel des Rhein-Main-Gebiets – zum Arbeitsamt. Ich habe vor zwei Wochen meinen Job gekündigt und befinde mich nun in der Phase nach einer Kündigung, in der man zwar noch seinen alten Job hat, weil die Kündigungsfrist bis Ende des Monats läuft, man sich aber innerlich bereits mit seiner „rosigen" Zukunft beschäftigt. Ich bin da frohen Mutes, habe immer gute Arbeit geleistet. Das Einzige, was man mir als Hochsensible vorwerfen kann, ist, dass ich mehr kleine Ruhepausen brauche und eventuell nicht GANZ kompatibel für ein Großraumbüro mit 29 blökenden Kollegen bin. Alles andere kann ich ab. Nicht schlecht also.

Meine Augen erblicken einen letzten Übergrößen-Dildo im besagten Schaufenster, ich gehe um die Ecke und da ist es – das Arbeitsamt. Ach nein, da steht was ganz anderes in großen Lettern über der Tür: Agentur für Arbeit. Wow, eine Agentur! Das klingt nach Vermittlung und nicht nach Schlange stehen in schlecht belüfteten Räumen und hoffen, dass der Vordermann geduscht hat. Behördengänge sind leider Pflichtgänge und für mich als HSP immer öfter eine Qual. Man glaubt ja kaum, welche Gerüche sich in Warteräumen und abgestandenen Büros so ansammeln.

Ich betrete also voller Hoffnung die Agentur für Arbeit und sehe: Menschen, viele Menschen. Wartende Menschen. Und die Luft ist zum Schneiden. Am liebsten würde ich direkt wieder auf dem Absatz kehrt machen und die verhältnismäßig frische Stadtluft einatmen, als ich sehe, dass man sich erst am Empfang anmelden und eine Nummer ziehen muss. Ich wollte schon immer mal Nummerngirl sein, also stelle ich mich brav auf die Wartelinie. „Diskretion. Abstand halten" steht auf der bis zum Erbrechen vor Schmutz starrenden Fußmatte. Dass die Dame vor mir so laut redet, dass selbst Uschi

Herrmann aus'm fünften Stock aus der Straße gegenüber sie gehört hätte, stört die Fußmatte nicht. Ich versuche, vernünftig wie ich bin, nicht mitzuhören, was mir allerdings dank meinem sehr feinen Gehör schwer fällt. Die Dame möchte ihr Geld abholen. Dass sie dieses aber bereits letzte Woche bekommen hat, erklärt ihr die Empfangsdame geduldig, dennoch bestimmt. Mehrmals. Und nochmal. Bis auch ihr der Geduldsfaden reißt und sie die Anwärterin mit einem Infoblatt in die Wüste schickt.

„Wie kann ich Ihnen helfen?"

Mir ist nicht mehr zu helfen. Lieber Gott, warum habe ich meinen gut bezahlten und wohlbehüteten Job, wenn auch im Großraumbüro, aufgegeben und bin nun hier gelandet?! Ihrer Bitte folgend, lege ich meinen Ausweis vor und beantworte einige Fragen zu meiner Kündigung. Jetzt müsste eigentlich der Teil mit der Wartenummer für die schönsten zwei Stunden meines Lebens kommen, doch da hat irgendjemand mein kleines Stoßgebet erhört. Ich werde direkt in die Büros geschickt und überspringe zwei Stunden im Muff. Halleluja!

Dort werde ich von einem jungen Mädel mit Zahnspange an einem Schreibtisch begrüßt. Sie führt mich Schritt für Schritt durch meine Arbeitslosenmeldung und zuckt nicht mit der Wimper, als ich nach getaner Arbeit am Gemeinschaftscomputer mir die Hände desinfiziere. Ich male mir lieber nicht aus, wie viele Hände heute schon über diese Tastatur geflogen sind. Die Hauptsache ist, dass das wirklich schnell und effizient war. Level eins der Arbeitslosigkeit habe ich gemeistert. Zu guter Letzt bekomme ich die frohe Botschaft überbracht, dass ich für die akademische Vermittlung eingeteilt wurde – da hat das Studium ja doch noch etwas gebracht – und im Laufe der nächsten Tage zu einem Vermittlungsgespräch eingeladen werde. Natürlich per Post. Die Agentur für Arbeit hat jetzt nämlich einen fancy Namen, aber ist noch nicht im digitalen Zeitalter angekommen.

Zwei Wochen später stehe ich vor dem Scheideweg. Wähle ich die rechte Tür komme ich zum Wartezimmer. Wähle ich die linke Tür, komme ich zur akademischen Vermittlung. Hier wird also schon im Flur aussortiert. Zu meinem Gespräch soll ich meinen Lebenslauf in ausgedruckter Form mitbringen und am besten direkt morgen vermittelt werden. Egal wohin, Hauptsache das von mir beantragte Arbeitslosengeld I muss mir nach einer Sperrzeit von zwölf Wochen aufgrund meiner eigenen Kündigung nicht ausgezahlt werden. Dass ich dann aber eventuell in einem halben Jahr wieder hier sitze, weil der Job wieder nicht der richtige war, zählt denkbar wenig.

Mein Vermittler drückt beim Anblick meines Lebenslaufes seine gesamte Begeisterung aus („Sie sind ja ein Profi.") und schenkt mir ein verschwörerisches Lächeln. Er tippelt brav alle Felder durch und lässt seinen Drucker am Ende der Befragung zwei sogenannte Vermittlungsvorschläge ausspucken. Diese sind verbindlich, wie er mir mitteilt und ich weiß langsam nicht mehr, ob ich lachen oder weinen soll. Ich fühle mich missverstanden, möchte raus aus dieser kalten Umgebung und das Erlebte verarbeiten. Da schiebt er hinterher, dass bei einer akademischen Vermittlung die Chancen doch ganz gut stehen und ich bitte pro Monat acht Bewerbungen verschicken möchte, das wäre ja jetzt mein Hauptberuf. Ich bin nun also hauptberuflich Bewerberin, eingetragen in der akademischen Vermittlung und frage mich, was das ganze Theater hier eigentlich soll, als Herr Verschwörerisches-Lächeln noch hinzufügt: „Haben Sie das Merkblatt eins für Arbeitslose bereits gelesen?"

Mein Blick folgt seinem Fingerzeig und ich sehe einen Flyer mit geschätzt 120 Seiten, gesetzt in Schriftgröße acht. Ein Glück, dass ich als HSP gerne lese, die Bettlektüre ist gesichert. NICHT.

Kleiner Exkurs: Wer arbeitssuchend ist, ist nicht immer zwingend arbeitslos. Aber: Wer arbeitslos ist, ist immer arbeitssuchend. Verwirrt? Da geht noch mehr: Wenn dicke Luft herrscht, muss man nicht immer gleich zum Arbeitsamt. Beim Arbeitsamt herrscht allerdings immer dicke Luft. Agentur für Arbeit ... Sorry!

MORGENMUFFEL DE LUXE

„Ich bin morgens immer müde, aber abends werd' ich wach. Morgens bin ich so solide, doch am Abend werd' ich schwach." (Künstler: Laing) Es ist 21:26 Uhr und ich schreibe ein weiteres Kapitel dieses Buches. Ich bin einfach eine Nachteule, jemand dessen Konzentrations-Höhepunkt meistens um 17 Uhr beginnt und der bis in die Abendstunden seine kreativsten Dinger aus dem Ärmel schüttelt. In der heutigen Arbeitswelt kann man da schon mal anecken. Die erste Stunde morgens im Büro von 9 bis 10 Uhr erledige ich meist nur einfache Aufgaben, die mir leicht von der Hand gehen und nicht unbedingt all meinen Gehirnschmalz erfordern.

Und dann das: Kennst du den Kollegen, der schon seit halb 7 im Büro ist, bereits drei Berichte durchgeackert, sieben Tassen Kaffee getrunken hat und dich in der Sekunde, in der du ins Büro kommst, anlabert mit: „Da bist du ja endlich! Ich muss dich unbedingt etwas fragen!"

„Dir auch einen schönen guten Morgen!" sage ich und möchte ihm gleichzeitig die Jacke, die ich noch nicht mal ausgezogen habe, um die Ohren hauen. Dann noch ein gepfeffertes „Ich bin hochsensibel, du Arsch!" hinterher. Das wäre was. Aber selbst dazu bin ich noch zu müde und kann mir kein Lächeln abringen. Als HSP ist es noch schwieriger, sich jeden Morgen von den aufgekratzten Kollegen abzugrenzen und ihnen klar zu machen, dass ich nicht sauer auf sie bin. Ich schaue wie Grumpy Cat, weil das mein normaler morgendlicher Zustand ist, den nicht mal der Weihnachtsmann an Ostern aufhellen könnte. Obwohl ... der Weihnachtsmann an Ostern ... Naja.

Da ich mich als HSP gerne selbst beobachte, bin ich in eine harte Analyse mit mir gegangen. Woran liegt es, dass ich morgens doppelt so lange brauche bis mein Hirn und ich mal in die Puschen kommen? Warum lächelt mich mein Freund morgens an, wenn er aufwacht und ist eine Minute später auf dem Weg ins Bad, galant wie ein junges Rehkitz und ich hinke 30 Minuten und vier Mal snoozen später hinterher wie der Grinch? Fragen, die ich mir jedes Wochenende stelle, wenn mich nicht mal der Hunger schneller unter die Lebenden bringt als sonst. Wie kommt es also, dass mein Rhythmus um gefühlt 180 Grad gedreht wurde und ich jeden Morgen eine Art Jetlag überwinden muss? Nach vielem Grübeln, schlaue Bücher lesen, Diskussionen mit Freunden, Partnern und einem Besuch bei meinem Homöopathen bin ich zur scheinbaren Lösung gelangt. Man glaubt es nicht. Es liegt vermutlich an meinen Träumen.

Meine Kollegin ist völlig aufgelöst und schaut mich mit großen Augen an. Ich frage mich, wie ihre Haare um die Uhrzeit nur so perfekt liegen können und warum sie so aufgeregt um sich blickt. Sie ist auf der Suche nach Pommes am Morgen völlig fertig und fleht mich an, mir mit ihr eine Portion Pommes zum Frühstück zu teilen. Pommes um 8 Uhr morgens? Klar, kenn ich ja aus der S-Bahn. Ich willige also ein und im nächsten Moment sitze ich mit meiner alten Abschlussklasse in einem Reisebus auf dem Weg in die Toskana. Meine drei engsten Berufsschulkollegen haben mir eine Gummipuppe zum Geburtstag geschenkt, die ich ahnungslos vor den Lehrern im Busgang ausgepackt habe. Sie sagen mir, er hieße Johnny und ich soll ihn doch bitte mal aufblasen. Er hat Löcher an allen möglichen Ecken und Enden und ich frage mich, was meine Berufsschullehrer wohl nun von mir denken. Als ich mich umschaue, sehe ich eine wunderschöne weihnachtliche Stadt, die ich einige Sekunden später als Mainz identifiziere. Wow, denke ich, da muss ich unbedingt mal mit meinem Freund hin. Während ich durch die Straßen laufe, verliere ich meine Hose und muss in Unterwäsche an einigen Bauarbeitern vorbei, die mir hinterher pfeifen. Aus Verzweiflung springe ich in einen Pool und kann erstaunlicherweise Unterwasser atmen. Wie cool ist das denn?, denke ich und im gleichen Moment bleibt mir die Luft weg. Als ich nach Atem ringend versuche an die Oberfläche zu gelangen, wache ich auf und stelle fest, dass ich wirklich die Luft angehalten habe.

Was war das? Die Wahrheit ist: Ich habe mir das nicht ausgedacht, sondern dir gerade einen schonungslosen und exklusiven Einblick in meine Träume gewährt. Du warst live dabei, wie ungefähr jeder Morgen bei mir beginnt. Natürlich träume ich immer etwas anderes, aber immer von 100 verschiedenen Leuten, die ich kenne, vielen verschiedenen Orten und ganz verwirrenden Zusammenhängen. Mein Hirn läuft also morgens bereits auf Hochtouren, bevor ich überhaupt wach bin. Ich habe den ersten gedanklichen Sprint bereits hinter mir, wenn ich die Augen aufschlage und bin nicht tiefenentspannt wie mein Freund, der nach acht Stunden erholsamen Schlafes den Tag erst beginnt. Ich habe die erste Schicht schon in den Knochen. Kein Wunder, dass mein Hirn dann vormittags erstmal eine Pause braucht. Wer sagt denn, dass „Augen auf" gleichbedeutend ist mit „Hirn aktiv"?

Ich habe also eine Erklärung dafür gefunden, warum ich morgens nicht ganz auf der Höhe bin und nicht in der Liga spiele, in der meine Kollegen mich im Büro begrüßen. Soweit, so gut. Es scheint mir aber immernoch unerklärlich, warum ich mich so gut an meine Träume erinnern kann. Manchmal habe ich sogar das Gefühl, wenn ich morgens aufwache, dass ich einen Spielfilm über mein eigenes Leben geschaut habe und ihn selbst gedreht habe. Und ich kann dir sagen: Mehr als ein Film am Tag verursacht nicht selten einen Kabelsalat in meinem Oberstübchen. Ich nehme aktiv Einfluss auf meine Träume und habe natürlich diesbezüglich recherchiert. „Luzides Träumen” nennt man es, wenn man selbst Regisseur seiner eigenen Träume ist und diese aktiv mitgestaltet.

Ab und zu fühle ich mich, als ob ich zwei Leben leben würde. Eins im realen Leben und eins im Traum, in dem alles erlaubt ist, aber auch alles halb so wild. Ist ja klar, dass das auf Dauer erschöpft und gerade für uns HSPs, die wir alles so intensiv wahrnehmen, Kraft kostet. Das Schöne an der Sache bleibt aber, dass ich genauso intensiv wie ich Dinge tagsüber wahrnehme, sie in der Nacht verarbeite. Stell' es dir wie eine Defragmentierung auf einem Computer vor. Dort sind eine Menge bunte Steine durcheinander gewürfelt und alle paar Wochen muss eine Defragmentierung durchgeführt werden. Danach sind alle Steine farblich sortiert und der Computer läuft wieder rund. Genauso wie unser Gehirn – nur dass mein Gehirn wohl sämtliche Regenbogenfarben hat.

Namensfrage: Warum heißen Gummipuppen eigentlich entweder Johnny, Eddy oder Angelo? Kein Scherz. Googeln auf eigene Gefahr.

TEIL 5 – SEELE

HEULEN KANN ICH

„Jetzt hör doch endlich auf zu weinen."

„Du bist zu sensibel für diese Welt."

„Ich kann mit deinen Tränen nicht umgehen."

„Mann, bist du nah am Wasser gebaut."

Diese Sätze habe ich wie oft schon gehört? Ich bin es leid, mich immer wieder für meine Gefühle und die Art und Weise, wie ich sie zeige – freiwillig oder nicht – zu entschuldigen. Das habe ich mir abgewöhnt, manchmal entschuldige ich mich nur noch bei mir selbst. Auch das muss aufhören. Es gehört zu meinem Leben dazu wie eine gute Donauwelle. Ab und zu muss ich nun mal weinen. Und Kuchen essen. Vermutlich weine ich im

Durchschnitt öfter als eine nicht hochsensible Person. Ganz einfach weil es für mich viele Gründe zum Weinen gibt: Julia Roberts und Hugh Grant, die sich nach einer sich ewig zuspitzenden Geschichte in die Arme fallen und sie ihm endlich sagt, dass sie ihn liebt. Eine Frau, die nach einer ermattenden 36-Stunden-Geburt mit letzter Kraft ihr Baby auf die Welt bringt und ich das Glück fühlen kann, dass der Vater und sie nun empfinden, als das kleine Köpfchen auf ihre Brust gelegt wird. Der Blick von meinem Freund nach einer Meinungsverschiedenheit, der mir sagt, dass wir uns nicht streiten sollen und er mich doch so sehr liebt und er mich eigentlich nur in die Arme schließen möchte. Diese Dinge bringen mich nun mal zum Weinen. Im positiven Sinne. Ist das verurteilenswert? Und überhaupt: Steht es anderen Menschen zu, darüber zu urteilen, wann ich weinen darf und wann nicht? Viele tun es, und mindestens genauso viele merken nicht einmal, wie sie Grenzen überschreiten.

Es ist nicht leicht und es hat mich eine Menge Kraft gekostet, aufkommende Freudentränen oder Tränen der Rührung zurückzuhalten. Weil ich weiß, dass es in der Gesellschaft nicht so gern gesehen ist, wenn man, besonders als Frau, zu „gefühlsduselig" ist. „Gefühlsduselig wird als abwertender Ausdruck für jemanden verwendet, der übertrieben empfindsam, emotional oder mitfühlend ist." So Wikipedia. Was mir am meisten an dieser Definition aufstößt, ist das Wort „übertrieben". Wer bestimmt denn, was „normal empfindsam, emotional oder mitfühlend" ist und was übertrieben? Gibt es hierfür eine DIN-Norm? Wenn ja, möge man sie mir bitte vorlegen.

Mitgefühl ist eine tolle Eigenschaft, so sagt man in der abgestumpften Welt der Digitalisierung und Anonymisierung. Hat denn aber irgendjemand da draußen mal darüber nachgedacht, dass ich mich manchmal wie ein Schwamm fühle, der sich mit schmutzigem Wasser vollsaugt? Es gab eine Zeit, in der ich mir die falschen Freunde gesucht habe, die ihr Dreckswasser bei mir abgeladen haben. Da ich keine Schutzschicht bis dato gebildet hatte, weil ich gar nicht wusste, dass ich sie mehr als andere brauchen würde, habe ich ihr gesamtes schmutziges Wasser aufgesaugt. Geht es dir manchmal genauso? Dass dich Geschichten, Schicksalsschläge, negative Gedanken und Probleme anderer nahestehender Menschen so sehr belasten, dass du scheinbar keine Kapazitäten mehr hast, deine eigenen zu verarbeiten? Es gab einen Tag in meinem Leben, an dem ich es verstanden habe. Ich weiß nicht, wie es passierte. Vermutlich nährten mich viele Gespräche mit einer mir wichtigen Person darüber so sehr, dass es einfach KLICK machte. Ich wusste, was zu tun war. An diesem Tag habe ich mich von meiner bis dahin größten verschmutzten Wasserquelle getrennt. Einen Schlussstrich gezogen. Es war mutig. Es tat weh. Und dreimal darfst du raten – ich habe geweint. Viel. Wie verwerflich.

Von diesem Tag an habe ich begriffen, dass es Menschen

gibt, die mir Energie spenden und eben solche, die sie fressen. Unaufhörlich nagen sie an dir und saugen dir die mühsam angesparte positive Energie aus. Schluss damit. Mach Schluss damit. Sperr die Energiefresser aus deinem Leben aus – und lasse keine neuen mehr an dich heran. Denn von nun an solltest du einen superfeinen Sensor entwickelt haben, der dich wie ein Frühwarnsystem daran erinnert, dass dieser Mensch nur soweit an dich herankommt, wie es dir gut tut. Bis hierhin und nicht weiter.

Nun aber zu den energiespendenden Menschen in meinem, bzw. deinem Leben. Es gibt sie. Du musst sie dich nur finden lassen. Das ist nämlich das Verzwickte an der Geschichte. Du kannst sie nicht finden, sie finden dich. Und sie haben eventuell ein Gewand an, in dem du sie nicht sofort erkennen kannst. Auf einer Reise durch Andalusien habe ich fünf von ihnen getroffen. Und ich garantiere dir: alle fünf hätte ich auf den ersten Blick auf einer Party als „nicht geeignete Gesprächspartner" aussortiert. Im Nachhinein weiß ich, wie traurig das ist. Aber es lag nun mal in meiner Natur, mit ein paar geübten Blicken Menschen abzuscannen und auszuloten, welchen Wert sie für mich haben. Das hat mir die Gesellschaft jahrelang antrainiert Auf einer Reise lernt man allerdings zwangsläufig Menschen erst auf den dritten, vierten oder sogar fünften Blick kennen. Und selbst dann weiß man, dass man sich kein Urteil über sie erlauben sollte.

Wir sechs sind nun wieder im Alltag angekommen. Wir

leben in unterschiedlichen Bundesländern, in unterschiedlichen Städten, sind unterschiedlich alt und haben unterschiedliche Jobs. Kein Match ... Und doch haben sie für mich die Reise erst zu der gemacht, die sie letztendlich war. Eine Reise zu mir selbst. Heute noch schreiben wir in einer gemeinsamen Whatsapp-Gruppe, wünschen uns frohe Weihnachten und haben erst vor Kurzem einem von uns zur Vaterschaft gratuliert. DAS sind Energiespender. Menschen, die gar nicht da sind und dir trotzdem ein so wunderbares Gefühl geben – von Erinnerungen, von unsichtbarer Verbundenheit und vor allem einem: Bedingungslosigkeit.

Was zum Nachdenken: Ist eine Rotlichtlampe ein Energiefresser oder ein Energiespender?

VERERBT ODER VERZOGEN?

Immer wieder geistert mir folgende Frage durch den Kopf: Ist meine Hochsensibilität anerzogen? Ich weiß, dass sie vererblich ist. Aber kann es vielleicht sein, dass meine hochsensible Mutter mir einige Empfindungen durch ihre Erziehung mitgegeben hat? Und was hat es mit mir gemacht, dass mein Vater und seine Familie eher nicht hochsensibel sind und ich – durch die Scheidung meiner Eltern bedingt – in einer hochsensiblen Welt und in einer „normalen" Welt aufgewachsen bin?

Zurück zum Anfang. Wir spulen zurück in das Jahr 1990 als mich meine Mutter unter Höchstanstrengungen auf die Welt gebracht hat. Ich war angeblich ein leises Kind, habe wenig gequängelt und sehr viel in der Gegend herumgeguckt. Das war sowieso meine Lieblingsbeschäftigung: Beobachten. Als hochsensbibles Kind nimmt man schließlich einiges wahr. Ich habe soviel beobachtet, dass ich scheinbar vergessen habe, meine Arme und Beine zu benutzen, wie meine Mutter mir später erzählte.

„Du hast mit 10 Monaten begonnen zu sprechen, aber saßt mit 16 Monaten immernoch auf deinem Hintern."

Ich weiß zwar noch, dass ich nie mit anderen Kindern spielen wollte und lieber auf dem Schoß meiner Eltern am „Erwachsenentisch" saß, aber dass ich so lange nicht laufen konnte, ist dann auch für mich ein wenig erschreckend. Man muss eben Prioritäten setzen. So habe ich also zuerst mein Sprechorgan entdeckt und fleißig mit meiner Umwelt kommuniziert ohne mich vom Fleck zu bewegen.

Als ich neulich mit meiner Mutter über meine Eigenarten als Kind gesprochen habe, hat sie mir etwas erzählt, das mich zu dem Schluss kommen lässt, dass Hochsensibilität definitiv angeboren ist. Ich war 5 Jahre alt und mit meiner Mutter am Badesee. Wir saßen (was ja zu meiner Lieblingsbeschäftigung gehörte) auf unserem Handtuch, haben Wassermelone gegessen und den heißen Tag im Schatten einer großen Eiche genossen. Ich habe mal wieder meine Glubschaugen schweifen lassen und alles stillschweigend beobachtet, als ich plötzlich ganz ernst geschaut habe. Meine Mutter fragte mich, was denn meine Stimmung so gedrückt hätte und strich mir eine Haarsträhne aus dem Gesicht. Was ich dann gesagt habe, zeigt, dass selbst kleinste Menschen bereits hochsensibel empfinden können.

Ich sagte: „Mama, jeder Mensch hier am See hat seine eigene Geschichte. Am liebsten würde ich sie alle hören."

Nochmal zur Erinnerung: Ich war 5 Jahre alt! Da machen Kinder eigentlich andere Sachen: rumrennen, sich Sachen über den Schädel ziehen, Erde aus dem Garten essen und Schokopudding an die Wand schmieren. Nicht, dass ich das nie gemacht hätte. Trotzdem erlaube ich mir an dieser Stelle die Prognose aufzustellen, dass sich die Hochsensibilität in mir schneller einen Weg an's Tageslicht gebahnt hat.

Ich wurde älter. Dass ich es nicht leiden konnte, mit anderen Kindern Action-Spiele zu spielen, hat sich nie verändert. Ich war immer die, die sich zum Malen zurückgezogen hat, ihren Barbies die Haare frisiert und Spaghetti in der Miniaturküche in kaltem Wasser gekocht hat. Kein Gekreische, weil mir das damals schon selbst in den Ohren weh tat. Kein Haare ziehen, weil ich die Vorstellung, einem anderen Lebewesen Schmerzen zuzufügen, grausam fand. Keine normale Kindheit. Manchmal fühlte ich mich wie ein Erwachsener, der in einem Kinderkörper steckte.

Doch nun zu der Frage, wie viel Hochsensibilität, die ich heute erlebe, anerzogen ist. Ich kann sie nicht mit Sicherheit beantworten und doch entdecke ich an mir selbst sehr viele hochsensible Verhaltensweisen meiner Mutter. Sie hat ein besonders stark ausgeprägtes Temperatur-Empfinden. Daraus ergeben sich ganz bestimmte Lüftungsrituale, die ich, unter uns gesagt, früher wirklich albern fand. Einen Spruch sagte sie immer wieder und auch heute noch:

„Ich krieg hier keine Luft!", mit einem leicht panischen Unterton, der mir verrät, dass es nun durchaus an der Zeit wäre, mal ein Fenster zu kippen.

Vermutlich wäre für meine Mutter so eine supermoderne Neubauwohnung mit einem automatischen Belüftungssystem genau das richtige. Kein ständiges Fenster aufreißen mehr. Ein Traum!

Sie empfindet Räume sehr schnell als schlecht gelüftet und ich habe mich immer herrlich darüber lustig gemacht. Fenster auf, Fenster zu. Fenster in der Küche auf. Fenster im Bad zu, weil ja sonst ein Durchzug entsteht. Fenster in der Küche wieder zu. Fenster im Wohnzimmer auf. Dann aber das Gegenüberliegende im Wohnzimmer auf, damit die Luft zirkulieren kann. Ich dachte, ich lebe in einer Fenster-Hölle. Jetzt kommt aber der springende Punkt: Ich habe das Verhalten meiner Mutter, zwar in abgeschwächter Form, aber doch irgendwie übernommen. Wie furchtbar und welch Segen zugleich. Auch mir tut der ständige Luftaustausch in Räumen gut. Danke Mama, deine Lüftungsschule war hart, aber leistungssteigernd.

Da meine Eltern geschieden sind, habe ich sehr viele Wochenenden bei meinem Vater und seiner Familie verbracht. Ohne meiner Familie zu nahe treten zu wollen, würde ich hier von weniger Hochsensibilität und mehr „Normalität" sprechen, wodurch ich mit meinen Empfindungen eher in der Unterzahl war und andere Erfahrungen gemacht habe. Hier war ich diejenige, die Empfindungen hatte, die scheinbar kein anderer am Tisch verstehen konnte. So brannte mir zum Beispiel der neue Pulli, den ich und die anderen Kinder geschenkt bekommen hatten, irgendwie auf der Haut. Ein ganz unangenehmes Gefühl von Hitze und einem leichten Schweißfilm, der sich auf den Armen bildet. Als Kind versteht man diese Empfindungen aber noch nicht wirklich. Gerade dann, wenn am Tisch weitere Kinder den gleichen Pulli anhaben und sich scheinbar pudelwohl darin fühlen. Merken sie das nicht?! Nö. Sie merken das nicht. Auf meiner Haut fühlte sich schon damals jede Polyester-Faser wie ein kleiner Glutfaden an. Die anderen hatten bis dato wahrscheinlich noch wenig über die nicht atmungsaktiven Eigenschaften von Polyester gehört, geschweige denn gefühlt. Eine andere Welt, mit der ich lernen musste umzugehen. So galt es, meine Hochsensibilität herunterzufahren, während ich bei meiner hochsensiblen Mutter das Maximum an hochsensiblen Gefühlen mitempfand und selbst immer stärker in diese Rolle hineinwuchs.

Ich persönlich würde aus eigener Erfahrung zu dem Schluss kommen, dass Teile des Verhaltens von Hochsensiblen durchaus anerzogen sind. In erster Linie erben wir die Grundzüge der Hochsensibilität. Doch die Art und Weise, wie wir damit umgehen, ist stark durch unsere Eltern und unser kindheitliches Umfeld geprägt.

Schreibt mir: Wenn sich hochsensible Verhaltens- und Denkweisen anerziehen lassen, kann man sie sich auch wieder abgewöhnen? Kennst du jemanden, der sich während seines Lebens „enthochsensibilisiert” hat? Lass' es mich gerne wissen und schreibe mir eine Nachricht an: jasmin.raif.autorin@gmail.com.

SCHEISS HOCHSENSIBILITÄT

Manchmal muss man seine Hochsensibilität hassen dürfen. Es gibt Tage, an denen ich mich selbst ankotze. Ich finde, ich habe das Recht dazu. Punkt. Natürlich sollte man das mit sich selbst ausmachen und andere nicht mit reinziehen. Das habe ich auch schon oft genug getan. Und im gleichen Moment, welch' Ironie, tat es mir leid.

Manchmal weiß ich gar nicht, wo ich anfangen soll mit der Meckerei. Da muss ich einfach mal Dampf ablassen. Deswegen habe ich mir ein Plakat zugelegt. Ein Hass-Plakat. Das hängt in meinem Schlafzimmer und wann immer ich denke, dass die ganze Welt doch ungerecht ist, schaue ich es mir an. Das Aberwitzige daran ist, dass dieses Plakat, so voller Hass, meine Stimmung in das Gegenteil umkehrt. Minus mal minus ergibt Plus.

Gekauft habe ich es mir auf dem StijlMarkt. Ein Markt

für Jungdesigner, mit 'ner Menge fancy Essensständen und neumodischen Trends. Meine beste Freundin zieht mich an diesem Morgen von Stand zu Stand, wir haben gerade einen Pulled Pork Burger verspeist, da sehen wir den Stand von Wolfgang Philippi. Überall hängen Plakate, die mich scheinbar anschreien. Die Worte auf den Plakaten sind kraftvoll und provokant. Genau mein Ding. Ein Plakat steht wohl für alles, was dem Designer so richtig auf den Keks geht. „Scheiß Kacke, scheiß Tinder, scheiß Brexit, scheiß Hipster, scheiß Touristen, scheiß Diesel, scheiß ..." So geht das in einem Rutsch weiter, bis das Poster bis zum Anschlag mit „Scheiß-Wörtern" voll ist, dass es vor Hass nur so strotzt. Der Designer liebt es zu provozieren. Ich liebe seinen Mut, der Welt einfach mal ins Gesicht zu spucken. Ich kaufe das Poster kurzerhand und ahne noch nicht, dass es einen so wichtigen Platz in meiner Wohnung einnehmen wird. Der gar nicht so aggressiv aussehende Schöpfer dieser einzigartigen Kunst packt das Poster zusammen mit ein paar Goodies in eine Tüte. Zu Hause beim Auspacken muss ich schmunzeln. Ich halte einen Aufkleber mit der Aufschrift „Die kleinsten Pimmel ficken die Welt" in der Hand. Und wieder hat er recht.

Kleine Pimmel hin oder her. Manchmal habe ich einfach das Gefühl, dass die Welt es gerade auf mich abgesehen hat. Tage, an denen ich sehr von meiner Hochsensibilität gebeutelt bin, verfluche ich. Hasse den Kopfschmerz, der sich langsam von der Stirn Richtung Nacken frisst. Hasse mich selber dafür, dass ich meinen Freund anfahre, er solle doch bitte ein bisschen leiser essen. Ich könnte ihm genauso gut an den Kopf werfen, er solle doch bitte mal leiser atmen. Es gibt Tage, da würde ich ihn sogar gerne darum bitten ... Wie beschämend. Ich fühle mich meiner eigenen Schwäche ausgeliefert und kann nichts dagegen tun. Ich. Die doch immer alles so gut unter Kontrolle hat. Außer sich selbst.

Wie alt bist du eigentlich?!, stelle ich mir immer wieder die gleiche Frage. Ich bin doch keine alte Frau, die zu einer meckernden alten Schildkröte mutiert ist. Ich bin 28 Jahre alt. Und trotzdem manchmal so zerbrechlich wie eine Ming-Vase. Seitdem ich mir selbst erlaubt habe, meine Hochsensibilität auch mal zu hassen, gibt es wieder mehr Möglichkeiten, meine Hochsensibilität zu lieben. Das kann ich dir hier nur mit auf den Weg geben. Koste die Schattenseiten aus, suhle dich in Selbstmitleid. Stehe im nächsten Moment aber wieder auf und liebe dich dafür, dass du genau so bist wie du bist. Lache über dich selbst, über deine Marotten und wenn du am liebsten alles schwarz sehen willst, sieh alles mit schwarzem Humor. Zur Not kaufe dir auch ein Hass-Plakat. Das hilft garantiert.

Kleiner Tipp: Wolfgang Philippi hat ein richtiges Händchen für's Fluchen und Sarkasmus. Als Ausgleich haben es ihm die Meerestiere angetan. Du hast also die Wahl: Kaufe dir für harte Tage ein „Riesen Scheiß-Plakat", alternativ das „Schimpfwort

Alphabet" oder lieber das „Fischplakate 3er-Set". Fische sollen ja bekanntlich eine beruhigende Wirkung haben.

EIN PAAR WORTE ZUM SCHLUSS

Ich fasse kurz zusammen: Um S-Bahnen solltest du einen Bogen machen, beim Sport sehen immer nur die anderen gut aus, Armbeugensprays sind merkwürdig, aber effektiv, Großraumbüros wären besser nur 6 Stunden am Tag besetzt, in Kinos sollte allgemeines Nacho-Verbot herrschen, der wo blöd fragt, tut auch eine blöde Antwort bekommen, Kaugummis sind die Ausgeburt des Bösen und von Bananen möchte ich gar nicht erst anfangen. Eines muss man ihnen allerdings lassen: Optisch haben sie sich auf dem Cover ganz gut gemacht.

Dies ist nun der angekündigte Teil für den tosenden Applaus. Du solltest nun deine guten Marnieren vergessen, in die Hände klatschen, deinem Sitznachbarn eine klatschen, wenn er nicht laut genug mitmacht, dich auf den Tisch stellen und mit den Füßen trampeln. Jetzt nimmst du bitte noch deinen Mund hinzu und johlst so laut du kannst. Bis dein Nachbar dir eine knallt, weil du ihm mächtig auf den Zeiger gehst. Der hat wohl noch kein Hass-Plakat ...

Genug des schwarzen Humors. Wenn du keine Lust auf diese Art von Huldigung meines Werkes hast, hätte ich noch eine ganz tolle Alternative für dich. Es gibt da dieses Amazon – ist relativ bekannt. Wenn du dort eine positive oder gerne auch kritische bzw. konstruktive Rezension hinterlässt, würde ich mich freuen, wie ein Keks! Wirklich. Vielleicht wie ein schwarzer Keks. Aber wie ein Keks!

DANKE!

PS: Ein riesengroßes Dankeschön geht natürlich an alle meine Helfer, Korrekturleser, Kritiker, Berater, Stundenlang-Zuhörer, Aufbauer, Bananenzüchter und dich!

Nur Seiten, die gelesen werden, erwachen zum Leben!

ÜBER DIE AUTORIN

Jasmin Raif wurde 1990 in Frankfurt am Main geboren. Sie ist ausgebildete Mediengestalterin und studierte anschließend Marketing- und Kommunikationswissenschaften. In ihrem Job als Marketing Managerin, aber auch im täglichen Leben, stieß sie oft selbst an ihre Grenzen als Hochsensible und möchte anderen (hoch)sensiblen Menschen einen neuen Blickwinkel auf ihre vermeintliche Schwäche geben.

Mit dem Buch „Ich bin hochsensibel, du Arsch!" zeigt sie auf charmant unsensible Art und Weise, wie es sich anfühlt, mit besonders feinen Antennen durch's Leben zu gehen und wie man mit schwarzem Humor nicht nur bei den Lesern, sondern auch der Leser bei sich selbst punktet.

Ihre Hobbies sind Reisen, Tennis spielen und kreatives Schreiben. Besonders das Reisen hat sie gelehrt, die Welt mit anderen Augen zu sehen und ihre Gefühle, die nicht immer auf Zustimmung stießen, mit anderen Menschen zu teilen.

Jasmin freut sich über Nachrichten von Interessierten an: jasmin.raif.autorin@gmail.com.

45145769R00049

Printed in Poland
by Amazon Fulfillment
Poland Sp. z o.o., Wrocław